Cracio Concrit

CRACIO CONCRIT

ROBIN WILLIAMS

Gwasg Gomer
1979

Argraffiad Cyntaf — Rhagfyr 1979

© Robin Williams

ISBN 0 85088 532 9

Dymuna'r cyhoeddwyr gydnabod cymorth a chyfarwyddyd Adrannau'r Cyngor Llyfrau Cymraeg a noddir gan Gyngor Celfyddydau Cymru.

Argraffwyd gan J. D. Lewis a'i Feibion Cyf.
Gwasg Gomer, Llandysul, Dyfed

Cyflwynaf y llyfr hwn i
DORIS
i gadw'r atgof
am y cameo yn Ravello
a'r cwrel yn Amalfi

RHAGAIR

Cadarn allu a ddichon chwilfriwio, goleuni mwyn a ddichon arwain; dirgelwch mawr dyn a dirgelwch mwy yr Efengyl . . . Rhyw chwalu meddyliau o gwmpas pethau felly sy'n digwydd yma; lloffa drwy rai profiadau, oedi gydag ambell ddyhead, a phendroni uwch ben rhyfeddod byw a bod,—a difod, am a wn i.

Yn fwy na heb, arddull sgwrs a seiat sydd i'r ysgrifennu, ac os bydd peth o'r cynnwys yn fodd i agor seiat arall, gorau oll. Dymunaf ddiolch i Wasg Gomer yn Llandysul am ei graen.

Rhos-lan   *Robin Williams*
1979

Cynnwys

Cracio Concrit

Yr oedd hi'n biti tynnu'r hen fwthyn i lawr. Ond beth arall ellid ei wneud gyda tho oedd yn ymddatod, a thrawst a thulath yn pydru'n llwch? Pan ddoi cawod, byddai'r glaw yn diferu'n hyglyw a gweladwy nes cronni'n bwll croyw ar y llawr. Yng ngodre'r simnai, o fethu â ffosi allan, byddai'r lleithder yn codi'n afiach yn y morter gan adael clwt o friwgalch melynddu i fadru ar y talcen. Yr unig ateb, felly, i broblem y dadfeiliad oedd chwalu'r cyfan yn un crynswth i'r llawr, ac ail-adeiladu.

Wrth wneud hynny mae'n rhaid cyfaddef y bu i'r bersonoliaeth oedd i'r hen fwthyn yn y wlad ddiflannu am byth, ond o leiaf, fe gaed cartref diddos a hwylus i fyw ynddo. Ac eto, os diflannodd y bwthyn, roedd y wlad yn aros, a'r cefn gwlad hwnnw sydd wedi lapio am y tŷ newydd. Mae perthi'r drain gwynion a'r ysgaw o hyd ar y rhos, y dail tafol a'r dail poethion, blodau menyn, llygad y dydd, y rhosyn gwyllt a'r gwyddfid. Mae'r llwyni yn fyw gan adar,—mwyalchen, bronfraith, aderyn to, robin goch, titw a dryw; clywir y bioden a'r gylfinir ar y gors, ac fe gân y gog hyd eitha'i thymor. Mae'r anifeiliaid bach gwyllt yma'n ogystal, yn garlwm ac ysgyfarnog a chwningen. Ar dro, daw'r draenog heibio i gymowta, a'r dydd o'r blaen croesodd gwiwer lwyd ar draws y llain. Gwelir hefyd brysurdeb y twrch a'r llygod daear, a'r llynedd oddi ar glawdd yr ardd codais groen sidan-denau yn ei lawn hyd lle bu neidr ddefaid yn bwrw'i gwisg anhygoel gain, dair troedfedd a hanner ohono.

Ond bendith bennaf y rhostir hwn, nid nepell o gyrion y Lôn Goed, yw'r 'llonydd gorffenedig'. Y mae mor dangnefeddus yma nes bod natur yn fodlon rhannu'i chyfrinachau yn ddirodres, agored. Am fod caeau'r cymdogion yn terfynu mewn daear fyw wrth gefn y tŷ a'i ddau dalcen, gellir yn llythrennol glywed sŵn gwartheg yn pori. Dwyffroen laith yr anifail ar wastad y glaswellt yn anadlu allan yn huawdl fesul chwythiad cyson, yna'r tafod nerthol yn torchi dros frig y borfa, a'r arfod ryfedd honno'n rhwygo'r glaswellt gyda sŵn cras, cryf, trwm. Un carn yn symud y mymryn lleiaf, yna anadliad—a rhwyg, anadliad—a rhwyg . . . Gallwn wrando ar sŵn pori bodlon y fuwch am oriau.

Daw'r merlod direidus hefyd, yn ôl eu ffansi, i bensynnu dros ymyl y perthi. Ac wrth gwrs, fe ddaw'r defaid. Cofio'r

9

ddafad ddi-fai yn sefyll yn drom o gnu yng nghenlli'r gaeaf llwytlwm, ac yna'r balchder amlwg sydd o'i chwmpas pan ddaw'r gwanwyn â'r oen i'w sugno. Y ddafad ddi-fai? Ofnaf nad felly y bernais un tro pan ddaethom yn ôl o grwydro, a sylwi bod defaid Taldrws, o ganfod gwendid yn y clawdd, wedi llwyr fwyta pob planhigyn a blodyn dethol hyd at y bonion. Eto, na feier y ddafad, beier y bwlch. Ond yr oedd ateb y broblem honno hefyd yn syml,—dim ond pwyo polion i ben y clawdd, a chau pob agoriad.

Am fod y tŷ ar y mymryn lleiaf o fryn, gyda thymor eithriadol o laith gall y dŵr orlifo o'r caeau, a pheri mân-drafferthion. Eto, peth rhesymol rwydd oedd datrys problem felly'n ogystal: cafnio tipyn o sianelau yma a thraw, mymryn o geibio a rhofio, gosod ambell bibell hwnt ac yma, a chadw'r ffrydiau ar redeg i gyfeiriad y ffos sydd ar waelod y ffordd.

Ond y mae'n aros un broblem nad wyf hyd yma wedi canfod ateb iddi,—problem sy'n codi'n flynyddol gyson. Am ei fod yn hen fwthyn, mae'n amlwg fod y cenedlaethau a fu yma o'n blaen yn noddi'r llysiau hynny 'a berchid am eu lles yn fwy na'u llun'; pethau fel hen wr, y wermod lwyd a'r wermod wen y mae eu hadau a'u gwreiddiau ynghlwm wrth yr hen lannerch. (Mae amryw o ddioddefwyr y cur pen *migraine* hwnnw yn galw yma am ddail llesol y wermod wen, a nifer yn wir, wedi dod yn ôl i dystio i rin y trwyth. O'm rhan i, tra pery'r dail, fe bery'r rhannu.)

Eithr planhigyn o fath arall sydd wedi'n llorio ni yma: yr 'estron gwyllt o ddant y llew' hwnnw y byddai croeso i'r Ffrancwyr ei gadw! Ond am ryw reswm, y mae wedi dwfn-ddaearu yn Rhos-lan rhwng rhigolau'r llechi gleision o flaen y tŷ. Y gwanwyn cyntaf i ni fyw yma, o'i weld yn blodeuo rhwng y llechi, dyma gwmanu, rhoi plwc i bob un eginyn a bwrw'r bwndel deiliog a'i flodyn—prydferth ddigon, mae'n rhaid addef—i'r domen.

Cyn pen ychydig ddyddiau yr oedd y planhigyn wedi ail-afael ynddi gan ledu'i ddail a'i flodau melynion unwaith eto yn gwbl ddiedifar. Gan hynny, dyma agor cyllell, gwthio'r llafn blaenllym yn ddwfn rhwng rhaniad y palmant, torri'r gafael o'r gwaelod, a charthu'r alanas hon, hithau, i'r domen draw.

Ni setlodd hynny ychwaith mo'r tyfiant cyndyn, ac mewn powldrwydd wyneb-galed aeth ati i daflu egin am y drydedd waith o fewn ychydig ddyddiau. Bellach roedd hi'n frwydr.

Prun fyddai hi, *vive la France* ai Rhos-lan? Un dydd, daeth cyfaill heibio gydag ateb i'r broblem mewn sachaid o halen bras, gan fy nghynghori i bwnio'r cynnwys yn dda i'r rhigolau. Gwneuthum felly. Ond boed halen neu beidio, yr oedd dant-y-llew wedi penderfynu rhoi cynnig arall ar dyfu. Ac fe lwyddodd. Yn union fel pe bai'n ffynnu ar y gwrtaith hallt.

Wedi bod yn sad-gysidro'r sefyllfa, daeth fy nghyfaill ar ei rawd unwaith eto, yn cludo tanciaid trymsawrus ar gyfer y frwydr nesaf. "Dyma'r ateb iti," meddai gyda hyder terfynol. "Solignum. Ei socian o efo hwn. Rho ddôs iawn iddo fo!" Er ufuddhau, a thywallt yr hylif brwd a rhuddgoch hwnnw i'r agennau, ymhen rhai wythnosau roedd y dant llew wedi cael ei gefn ato ac yn blodeuo unwaith yn rhagor. Cystal cyfaddef, am weddill yr haf a chydol yr hydref fe'm concrodd yn deg a hollol.

Ond pan ddaeth y gaeaf, gyda threfn natur yn peri bod dant-y-llew hyd yn oed yn gorfod cymryd ei grebachu'n sypyn crin, dyma gymryd mantais arno yn ei wendid, fel y tybiwn. Crafu'n isel rhwng y llechi, a pharatoi triniaeth a fyddai mwyach yn farwol iddo yntau cyn i wanwyn arall ystwytho: cymysgu sment a thywod a dŵr yn drylwyr, a thrywelu'r gymysgfa yn dynn i agennau'r llechi gleision. Fe galedodd fel craig. O'r diwedd, fel gyda phob problem arall a gaed o gwmpas y tŷ (y to yn gollwng, y llifogydd, a'r defaid bwyteig) yr oedd problem dant y llew, hithau, wedi'i setlo.

Aeth gaeaf amrwd arall heibio, ac yn ei amser daeth y gwanwyn yn ôl i'r rhos,—daeth yr adar i nythu, daeth yr ŵyn bach i'r cae, a'r gwenyn i suo o flodyn i flodyn. Ond un bore cynnes, goleulon, wrth oedi munud o flaen y tŷ, prin y gallwn goelio fy llygaid fy hunan. Er plygu yn fy nghwrcwd wrth y palmant, yr oeddwn yn dal yn anghredadun. Yr oedd y sment a roddwyd i lawr fisoedd ynghynt yn haen lefn, ac a galedodd fel callestr, wedi'i dorri yn graciau meinion, wedi'i godi'n glir oddi ar lefel y llechi gan rywbeth oedd yn gweithio isod ac o'r golwg. Yr oedd y gymysgfa graig-galed honno wedi'i chwalu'n siwrwd a'i gwthio'n dalpiau i'r naill ochr.

Beth ar y ddaear ydoedd y grym hwn oedd wrthi'n malu'r sment yn chwilfriw? O benlinio ar y llechen a chraffu i'r agen, (ac o'r braidd nad ofnwn i wegil rhyw greadur cyn-oesol ymddangos) yn sydyn fe welais yr achos. Yno, yn tyfu'n ddi-feind dawel yr oedd clwstwr o ddail, wrthi ar ganol gwthio o'r ffordd delpyn dwyowns neu dair o sment drylliedig. Dail dant y llew! Er fy mod bellach yn gorfod credu bod y fath beth yn digwydd, eto mae'r dirgelwch wedi mynd â'm gwynt yn lân. Fe wn y gellir yn rhwydd dynnu deilen dant y llew a'i gwasgu'n llymaid gwyrddliw rhwng bys a bawd fel y peth hawsaf yn y byd. Ond mewn difri calon, sut y mae peth mor feddal dyner â blaen deilen yn medru cracio concrit? Does gen i ddim math o syniad. Dim ond cynnig bod yr ateb yn y gair BYWYD. Lle bynnag y bo bywyd y mae rhyw ddirgelwch o nerth sy'n dychryn dyn. Y peth distaw pwerus hwnnw sy'n diarfogi pawb, yn parlysu, yn plygu, yn llethu yn llwyr a hollol. Roedd y bardd yn Williams-Parry ar ei buraf posibl gyda'r crybwylliad hwnnw: *trosolion y glaswellt.* Nid esbonio un dim a wnaeth y bardd, namyn mynegi gydag ysgytwad.

Ac fel yna'n union y mae hi. Ni ellir smentio bywyd. Na chadw'r gwanwyn dan gloeon. Na 'chladdu'r Atgyfodiad Mawr'. Bu'r Bywyd y soniodd Iesu o Nasareth amdano yn drafferth ac yn broblem i lawer; fe gynlluniwyd pob diawlineb i'w ddinistrio, —ei ddirmygu, ei felltithio, ei bwyo, ei sarnu, ei drywanu. Ac o'r diwedd ei 'orffen' gyda'i gladdu o'r golwg am byth. Ond ynddo ef yr oedd Bywyd. A'r Bywyd hwnnw'n torri'r 'bolltau pres yn gandryll' ac yn cracio'r concrit yn siwrwd mân.

Felly y tystiodd Seimon Pedr a Mair Magdalen a Saul o Darsus. Felly hefyd y tystiodd eneidiau dethol trwy flinion aeafau'r canrifoedd hyd heddiw: bod digon o wanwyn yng nghariad Hwn i dreiglo meini o'r neilltu a gwneud gardd allan o gors.

Ffrwydrad y Pasg

Gyda dyfod y Pasg unwaith yn rhagor, y mae rhyw gyffro rhyfedd ar gerdded o gwmpas y fro. Fe all mai gwefr y gwanwyn yw'r achos pan fo ffrwydrad di-sŵn y deffro'n digwydd yn y pridd. Beth bynnag yw'r rheswm, mae'r cyffro yn digwydd ynom ni hefyd, fel pobol. Wedi misoedd llwm o aeafu, yn fwyaf sydyn, dyma'n cynheddfau ninnau'n magu asbri ac ysbryd newydd. Yn un peth, yr ydym yn sylwi llawer mwy; sylwi ar flodyn llygad y dydd, sylwi ar aderyn yn nythu, ac yn sylwi ar bry ffenest. Clywed hefyd: clywed bref oen bach ar y dalar, clywed sŵn pioden ar y rhos, a chlywed canu'r gog o'r mawndir. Teimlo'n ogystal : teimlo awel feddal ar fochau, teimlo meddalwch mwsog ar y maen. A dyna'r gynneddf flasu: ar ôl gaeaf o agor tuniau, dyma glywed eto y blas cartre sydd ar lysiau cynnar yr ardd. Ac yn anad unpeth arall, y sawr sydd ar bethau'r gwanwyn. Y dydd o'r blaen fe redais y peiriant dros y llain las sydd acw, ac wrth fynd, yn ôl f'arfer ar derfyn dydd, i adael poteli llaeth wrth adwy'r ffordd, gydag ewin o leuad yn olau, dyma sawru llond yr awel o arogleuon priddlyd, melys, gwellt newydd-dorri. Sacrament o bersawr!

Bellach, fraich ym mraich â'r Pasg, y mae'r gwanwyn gwyrdd wedi cychwyn ar ei ymdaith ddiatal gan ddangos grym yr atgyfodiad yn cerdded drwy'r wlad. Os Cristion yw dyn, yna mae'r Pasg yn orfoledd dyfnach fyth, a chyda'r awelon fe ddaw'r anthemau am Rym ei atgyfodiad Ef; fe ddônt gyda'r clychau o dŵr eglwys y ddinas, fe ddônt gyda'r emyn o Salem ar y bryn, gydag Ann Griffiths a Bach, Pantycelyn a Handel, gan blethu'r llawenydd yn gordiau a geiriau.

Beth, ys gwn i a ddigwyddodd rhwng Calfaria a'r Bedd yn y Graig? Sut mae esbonio Pasg yr Atgyfodiad? Y Ffrwydrad di-sŵn hwnnw? Pa sut? Does gen i ddim syniad. Beth ydyw corffilyn fel fi i drio gosod fy llathen oriog ar bethau anfeidrol o'r fath! Yn rhyfedd iawn, ni welaf i ddim cyfrif yn unman fod dilynwyr cynnar Iesu Grist ychwaith wedi cyboli o gwbwl i drio *profi'r* Atgyfodiad. Dim ond dweud ei fod wedi digwydd; a'r unig ddadl o bwys oedd ganddyn nhw—os dadl hefyd—oedd taeru eu bod nhw'n dystion o'r peth. '. . . o'r hyn *yr ydym ni oll yn dystion*'. Dyna'r cyfan; pobol wedi *gweld* oedden nhw.

Wrth grybwyll funud yn ôl fod y gwanwyn yn rhoi awch newydd ar gynheddfau dyn, y mae'r un mor wir mynnu fod Pasg y Cristion wedi gwneud rhywbeth tebyg. Fe barodd ddeffro pob rhyw ddawn oedd yn y bobol: fe aeth stori'r Atgyfodiad ar lafar. Fe aeth hefyd i lyfr. Fe aeth i glyw'r dynion a'r merched; roedden nhw'n clywed y 'tyner lais'. Fe aeth i'w teimlad nhw: *'onid oedd ein calonnau yn llosgi ynom?'* meddai'r ddau ar ffordd Emaus. Fe aeth i fiwsig Beethoven a Mozart, i farddoniaeth John Milton a Gwenallt. I gerfluniau Leonardo da Vinci a Michelangelo, ac ar gynfas El Greco a Salvador Dali. Fe aeth i feini Eglwys Sant Pedr yn Rhufain ac i'r *Majestas* gan Epstein yn Llandâf. Heddiw, gellir dweud fod y Grym yn cerdded yng ngorymdaith Byddin yr Iachawdwriaeth, yn gweithio gyda'r Groes Goch, Oxfam a'r Cymorth Cristionogol.

Beth, felly, yw dadl pobl fel rhain am y Crist byw? Hyd y gwn i, dim, ond eu bod nhw wedi gweld: *'a ninnau a'i gwelsom, a thystion ŷm ni . . .'* Ac ni all neb ddadlau â dim graen yn erbyn tyst. Mae tyst mewn llys barn yn un o'r grymoedd cryfaf yn yr achos. Os yw dyn wedi gweld, yna mae hi wedi darfod ar bawb arall; mae nerth tyst yn beth diymwad o bwerus.

Un pregethwr y carwn i fod wedi'i glywed yw John Williams, Brynsiencyn. Ar wahân i'w ddawn i draethu negesau eirias, yr oedd John Williams yn medru gosod geiriau wrth ei gilydd nes gadael ar ei wrandawyr argraff fythgofiadwy. Dyna'r bregeth honno ar 'Y Maen' lle'r oedd y pregethwr yn gofyn i'w gynulleidfa y cwestiwn sydd yn Llyfr Job: *'Pwy a ymgaledodd yn ei erbyn ef, ac a lwyddodd?'* Dyma huotledd John Williams gyda'i ateb:

'Llwyddo wir! A lwydda y feisdon i ddryllio'r graig gallestr? A lwydda'r brithyll i hollti'r agerlong? A lwydda ysgubell yr henwr i atal y llanw godi? A lwydda cyfarthiad y corgi i arafu hynt y trên? A lwydda dy boeryn i ddiffoddi'r mellt, neu dy gilwg i ddofi'r dymestl? A lwydda pry'r gannwyll i ddiffodd yr haul, neu nâd y cenaw llew i atal y wawr i dorri?

Hwy a lwyddant bob un cyn y llwyddi di i ddryllio'r Maen!'

Y pregethwr gyda'i eirfa ddethol yn fflachio cyfres o ddarluniau, y naill ar ôl y llall, a'r gynulleidfa mewn rhyfeddod, onid arswyd. Un bore, fe gychwynnodd John Williams tuag America am egwyl, ac wedi cyrraedd yno, dechreuodd anfon cardiau at ei gydnabod yng Nghymru.

14

Rhyw ddiwrnod ym mhentre bach Brynsiencyn, dyma ddau o'r trigolion yn cyfarch ei gilydd: "Wyddost ti," meddai un yn llawn brwdfrydedd, "rydw i wedi cael llythyr oddi wrth y Parchedig. Mae o'n deud ei fod o wedi gweld y Niagara Falls. Mae o wedi *gweld* y Niagara, cofia!" Ac meddai'r llall yn syth: "Mi'i gweli *ditha* hi hefyd pan ddaw o adra!"

Ateb sydd gyda'r pertaf y gwn i amdano! Un peth yw bod wedi gweld *llun* o'r Niagara Falls, peth hollol wahanol yw bod wedi *gweld* y Niagara Falls. Un peth yw bod wedi gweld mewn Encyclopaedia ddŵr y Niagara yn ewyn sepia, peth hollol wahanol yw bod wedi clywed sŵn y chwyrndrobwll hwnnw. Gallaf innau ddychmygu John Williams yn dod adre'n ôl i Frynsiencyn,—yn dyst byw o'r olygfa syfrdanol yn America fawr. John Williams wedi clywed sŵn taranau'r dyfroedd, wedi teimlo manwlith y rhaeadr ar ei dalcen, wedi craffu ar y cerwyn yn corddi dros yr ymylon gan drochioni i'r affwys cynddeiriog, wedi'i ddal gymaint gan y profiad nes bod cynulleidfaoedd ynys Môn hwythau, yn gweld y Niagara—trwy'r pregethwr, trwy'r tyst.

Ac nid yw neb fymryn haws â dadlau gyda dyn fel yna. Onid oedd o wedi gweld y peth? Dyna'r tystion ym mhob oes. Ac i mi, dyna ddisgyblion y Pasg cyntaf, a'r Crist yn ferw yn eu profiad; criw ifanc wedi gweld. Ac ifainc oedden nhw, nid hen bobol benwyn. O ran hynny, pobol ifainc ydyw diwygwyr pob oes. Dim ond pedair ar hugain oed oedd Hywel Harries, William Williams, Pantycelyn ond un ar hugain, Daniel Rowland tua saith ar hugain, a'r fintai ifanc honno a feginodd trwy Gymru y Diwygiad Methodistaidd yn fflam.

Felly hefyd ddisgyblion cynnar yr Iesu ifanc gyda'r Eglwys Fore (wych o deitl ar fudiad) yn cracio cadarn goncrit Phariseaeth, a siglo ymerodraeth Rhufain i'w seiliau. Ac er i sefydliad yr eglwys Iddewig ddal her; er i'r arweinwyr a'r archoffeiriaid yn eu panic alw'r Sanhedrin a'r Cynghorau i drio gwneud rhywbeth ar frys; er rhoi'r criw ifainc dan fflangell, eu llusgo i'r llysoedd a'u gyrru i garcharau; eu bygwth a'u herlid a'u llabyddio, eu hoelio ar groesau a'u llosgi ar stanciau,—er hynny i gyd, ni fedrodd neb o'r Sefydliad atal Niagara'r Cariad Mawr. Ni fedrodd unpeth gadw'n ôl Rym yr Atgyfodiad.

Ddim mwy nag y medrwn ninnau heddiw gadw'r gwanwyn dan gaead. Na rhoi penffrwyn ar y Pasg.

15

Cario Baich

Fe all fod rhywun sy'n darllen hyn y munud yma mewn gofid trwm, ac yn teimlo nad oes neb yn hidio'r un botwm corn yn y truan na'i helynt. Ond y mae geiriau sy'n mynnu'n wahanol, yn mynnu dweud fod yna un sy'n hidio. 'Deuwch ataf fi, bawb . . .' Bawb, sylwer. Dydi o ddim ots pwy na beth ydych chi, yn ddim ots os ydych chi'n reit neu'n rong. Ymlaen yr â ymbil y llais: 'Deuwch ataf fi, bawb sy'n flinderog ac yn llwythog . . . Cymerwch fy iau arnoch'.

Iau. Y darn pren a osodid ar ysgwydd i gario'r pwcedi trymion hynny erstalwm. Mi welais i bob math o beiriannau modern yn y Royal Welsh yn Llanelwedd, ond ni welais i'r un iau ar gyfyl y lle.

Pan oeddem ni'n blant ar ein taith foreol i ysgol Llanystumdwy, mi fyddai'n hawdd gennym ni gwrdd â William Jones, Maen-y-wern, wrth drofa'r fynwent yn cario dwy bwced lawn o borthiant i warthcg y Gwyndy. Tipyn o hwyl gan William Jones fyddai gofyn i ni gario un bwced, a ninnau, blantos meddal yn sigo yn yr ymdrech.

"Aros funud bach," meddai William Jones un bore, gan dynnu'r iau oddi ar ei ysgwydd ei hunan, a'i osod ar ysgwydd eiddil hogyn ysgol. Yna cyplu, nid un bwced, ond *dwy* wrth y bachau. "Dyna ti, fachgan! Tria hi rŵan!"

Wel! Wel! O bob ryw syndod! Gynnau, yn ei nerth ei hunan, yr hogyn ysgol yn methu â chario un bwced. Ac yrŵan, gyda chymorth yr iau, yn cario dwy heb drafferth! A dyma'r peth od: yr un un llwyth yn union oedd yn y pwcedi, doedd y baich ddim un mymryn ysgafnach, ond gyda'r iau, roedd yna ffordd o'i gario fo, a'i gario'n filwaith haws.

Nid yw'r Efengyl yn addo ffafriaeth i neb. Chawn ni ddim osgoi treialon a gofidiau bywyd. Ond, y mae'r Efengyl yn cynnig help.

Os trown ni'r cyfieithiad diweddar Saesneg *'Bend your necks to my yoke'* i Gymraeg, fe gawn 'Plygwch eich gwarrau i'm iau i'. Ni waeth inni heb â chicio a stagro; mae'n rhaid inni blygu gwar i siâp yr iau. Trio ystwytho'n meddwl ysig i'w ffordd Ef o feddwl ac o ymateb. Mae'n bosib mai dau ddewis sydd yna: un ai plygu i'r Addfwynder sy'n trio'n deall ni, neu blygu bob siâp o dan y straen.

16

Y Canol Llonydd

Canol Awst poeth oedd hi, a maes awyr Milan yn un ffwndwr. Y lle'n llawn pobol o bob cenedl, a phawb wrthi'n siarad neu'n chwerthin neu'n holi neu'n dadlau, a hynny debygwn i, ym mhob iaith dan haul.

Yn sydyn, goruwch yr holl fwstwr, dyma lais yn trywanu trwy'r cyrn-siarad i roi cyfarwyddyd bod y streic yn dal pethau'n ôl dair awr, bod plên Amsterdam ar gychwyn, a bod rhyw jet o Iwgoslafia hanner awr yn hwyr, a bod gofyn i un Signor Pavarotti alw wrth y ddesg. Ac yna, wrth glywed rhuthr gwyntog awyren Alitalia yn glanio, wele un arall yn chwipio gyrru nes codi'n un crynswth oddi ar y concrit gwyn gyda'i pheiriannau'n gwichian am yr uchelion.

Ond wrth wagsymera yng nghanol dadwrdd y maes awyr, mi ddois at gownter mewn cilfach oedd yn gwerthu miwsig, ac yn y fan honno, dyma gael gafael ar yr *Adagio* fendigedica'n bod, o waith Tomaso Albinoni. Roedd tangnefedd y miwsig hwnnw mor angerddol a chryf nes gwthio pob trybestod yn llwyr o'r ffordd, gyda'r mân flinderau yn toddi allan o fod.

Dyna'r pnawn y dysgais i ei bod yn bosib ffeindio llecyn tawel yng nghanol y dadwrdd cynddeirioca'i ryw. Er bod bywyd mor aflonydd lawn o helyntion a phroblemau, eto i gyd y mae iddo fan tawel; y canol distaw hwnnw a geir, medden nhw, yn *vortex* y corwynt—'llygad y storm'. Mi fûm i'n methu'n deg ag esbonio hyn mewn geiriau nes i Gwilym O. Roberts, Pontllyfni, ei roi yn ddramatig a chofiadwy glir. Enw Gwilym O. ar y peth yw 'Llonyddwch Effro'. A'r syniad ganddo fo ydi hwnnw oedd gan hen ddoethion y Dwyrain: bod bywyd fel Olwyn,—yr Olwyn a'i both a'i breichiau a'i chamogau a'i chylch hi yn chwyrlïo troi, ond yn chwyrlïo troi ar yr echel lonydd. Dyma eiriau Gwilym O.:

'Os mentrwch chi'ch gollwng eich hunan ar yr Echel Lonydd, rydach chi'n siŵr Dduw o fod yn dawel, dawel; yn *relaxed* a llipa fel hen hosan neilon.'

Ac y mae'r gymhariaeth wreiddiol yna yn bur agos i'w lle. Os digwydd i chi roi eich llaw o gwmpas cylch olwyn pan fo honno'n chwyrnellu troi, fe gewch ergyd anhrugarog o greulon. Os rhowch chi'ch bysedd yn ddiofal ym mreichiau'r olwyn fe gaiff cnawd ac asgwrn eu dryllio'n ulw. Ond gyda'r un un olwyn yn union, a hithau'n troi gyda'r un un cyflymdra'n union, rhowch eich llaw ar ganolbwynt yr echel, ac yn y man hwnnw, er gwaetha'r holl chwyrlïo y mae hi'n saff. Dyna'r Canol Tawel. Yr Echel Lonydd. Onid dyna fywyd? 'Wnaiff bywyd ddim peidio â throi,—eich bywyd chi, fy mywyd innau, a bywyd pawb. Mae'r Olwyn honno'n troi fel melltith ar brydiau, ninnau'n cael ein lluchio ar ymyl y cylch, rownd a rownd a rownd . . . ein lluchio gan salwch, gan brofedigaeth, gan euogrwydd, gan drafferthion, gan ofnau, gan banic . . . Erbyn y diwedd rydym ni wedi cael ein hysigo a'n cleisio a'n hanafu mor ddwys nes bod yr ysbryd ar ildio'n sypyn truan. Eto, ar yr un Olwyn chwil, dim ond inni fedru ffeindio'r llecyn, y mae yna ganol llonydd i'r echel.

Rai gaeafau'n ôl roedd Dylan a minnau'n dringo'r Graig Goch, a'r wlad o dan gwrlid o eira. Y pnawn hwnnw roedd hi'n chwythu'n gryf ddifrifol, yn chwythu'n ddiatal dros y mynydd gwyn. Wrth inni esgyn gam ar ôl cam drwy'r eira, roedd y gwynt yn llythrennol siglo'n cyrff ni, a'i sŵn enbyd yn rhuo'n ddi-daw ar ein clustiau fel bod cadw sgwrs ymron yn amhosibl. Wedi cyrraedd y copa, llc'r oedd hi'n oer ddeifiol, dyma arllwys coffi chwilboeth o'r fflasg, ond yr oedd y gwynt wrth droelli mor arswydus yn cipio dafnau oddi ar ymyl y cwpan nes bod y diferion yn disgyn yn smotiau melynddu ar yr eira gwyn.

Ar y ffordd i lawr, a'r gwynt yn dal i fflangellu gwar y mynydd, fe gyrhaeddwyd at dwr o greigiau, ac mewn un hafn yn y fan honno dyma ni'n dau i ganol y tawelwch mwyaf anhygoel. Nid oedd yno'r un sŵn o fath yn y byd. Yn y boced hon yng nghilfach y graig roedd y tawelwch yn llwyr, heb un awel, ymron â bod yn faciwm, debygwn i. Roedd y distawrwydd llawn hwnnw y peth mwyaf annisgwyl—ac annaearol—a brofais i erioed.

A dyna'r profiad yn reit siŵr: llygad y storm! Ym mhob drycin a chyffro sydd gan fywyd, y mae yna hefyd yn rhywle ganol llonydd. Dyna'r Tangnefedd. Y Tawelwch.

Ond lle bo'r tawelwch yn angerddol o gryf, gall pobol fynd i deimlo'n hynod anghyfforddus, nes dyheu ar ffin panic am sŵn siarad neu sŵn record neu sŵn neuadd. Unrhyw beth, ond iddo fod yn sŵn.

Mi gofiaf fel y byddai rhyw ymwelwyr o Birmingham yn dod, yn flynyddol, i rodio'r gwyliau yn y ffarm agosaf i'n cartref ni. Ninnau, wrth gwrdd â'r dieithriaid y bore wedyn, yn gofyn sut y gwnaethon nhw gysgu. Hwythau'n ateb nad oedden nhw wedi cysgu fawr ddim—am fod y wlad mor dawel! I bobl oedd wedi arfer â byw ddydd a nos yng nghanol miri dinas a'i thraffic a'i masnach a'i phobloedd, roedd tawelwch maith cefn gwlad Eifionydd yn eu hanesmwytho. Wrth gwrs, a bod yn deg, y mae deall ar beth felly. Ond tua diwedd yr wythnos fe ofynnodd un o'r ymwelwyr gwestiwn oedd yn ddirgelwch perffaith i ni: gofyn beth ar y ddaear oeddem ni'n ei gael i'w wneud yn ystod y gaeaf mewn lle fel Eifionydd. O'u holi am ystyr y fath gwestiwn, daeth yr ateb: "Well, it's so quiet. It must be absolutely dead here!"

A dyna'r camgymeriad o hyd ac o hyd. Pobol yn tybio mai peth marw yw tawelwch. *Absolutely dead!* Bydded hysbys nad oes a wnelo'r 'llonydd gorffenedig' hwn un dim oll â'r marw. Nac ychwaith â chysgu. Mae'r heddwch hwn yn beth byw. Llonyddwch Effro ydi hwn.

Y tro cyntaf i mi fod yn Neuadd Madame Tussaud yn Llundain, mi gefais fraw o weld cymaint o bobol; roedd Gladstone yno, a Nelson, Martin Luther a General Booth, Franklin ac Eisenhower, Shakespeare, Dickens a Malcolm Campbell, Amy Mollison, Charlie Chaplin, Jack Petersen, Tommy Farr . . . roedd nifer o'r teulu brenhinol yno, ynghŷd â chriw o ladron a llofruddion. Y fath gymysgfa o ddynoliaeth! Ond delwau gwêr oedden nhw bob un; cerfiadau perffaith mewn cŵyr.

Yng nghanol y rhain i gyd yr oedd geneth hardd iawn, yn gorwedd yn ei llawn hyd ar fath o wely. Wrth graffu'n fanwl a hir arni dyma amau bod hon yn symud,—roedd ymchwydd anadlu amlwg yn digwydd ar ei mynwes. Pa reswm oedd mewn gosod geneth fyw yng nghanol y delwau gwêr? Yn y benbleth, dyma droi drwy'r catalog, edrych ar rif yr eneth ryfedd hon, a darganfod mai'r *Sleeping Beauty* oedd hi. A gweld mai felly'n union yr oedd Madame Tussaud am gofio hon. Ei chofio hi'n cysgu!

Tybed mai fel yna y mae'r byd am gofio'r Eglwys? Fel *Sleeping Beauty?* Yn wir, yn wir, nid dyna neges Iesu o Nasareth. Nid rhywbeth swel, grand ydyw'r Efengyl, sy'n ffug-anadlu yn neuaddau'r meirwon. Nid dyna Dangnefedd Duw, na'r Llonyddwch Effro. Hwn yw'r rhin yr oedd Iesu yn ei gynnig ar hyd y daith: 'Fy nhangnefedd yr wyf yn ei roddi i

19

chwi'. A'i awgrym yn ddi-feth oedd ein bod ni, hen griw trwblus, anniddig yr hil ddynol mewn angen mawr am y llonyddwch yma.

Yn wir, yr oedd ef ei hunan yn tynnu'n gyson ar ôl hwn; mi fyddai yntau'n gadael pobol, yn gadael gwaith, yn gadael popeth er mwyn mynd i gyswllt â bendith y Llonyddwch Effro: 'yn ôl ei arfer Efe a aeth i Fynydd yr Olewydd' . . . 'Efe a giliodd drachefn i'r mynydd ei hunan yn unig'.

O gribo drwy emynau William Williams, Pantycelyn, fe welir iddo ofyn am ddwsinau o wahanol fendithion yn ei dro. Ond ryw ddiwrnod, dyma gri o'i enaid,—nid am gysgod, nac am ddoethineb, na chyfiawnder, nac arweiniad na maddeuant. Ond yn hytrach:

'Im gael *llonydd*
Gan holl derfysgiadau'r llawr'.

Bywyd yn chwyrn droi'n derfysglyd, ac enaid yn gorffwys ar yr Echel Lonydd. Y ddrycin yn arw ar y mynydd, a'r teithiwr yn y creigiau'n canfod cilfach y dwfn ddistawrwydd. Dyma'r fan lle mae dyn yn cael ei wynt ato, yn dod i'w bwyll, yn tawelu, yn cryfhau tipyn bach ac yn magu plwc unwaith eto i fynd ymlaen am sbel arall.

Ystyr yr hen air 'rhyglyddu' yw 'haeddu'. Fe'i ceir mewn adnod yn Llyfr Genesis lle mae Jacob, yn ei gyfyng-gyngor wrth erfyn ar Dduw am noddfa, yn mynegi druaned ei gyflwr: '*Ni ryglyddais y lleiaf o'th holl drugareddau di . . .*'

Dymunaf dybio na byddai T. H. Parry-Williams, y cawr fonheddwr hwnnw o fardd-ysgolhaig, yn gwarafun imi fenthyg un o'i sonedau gwefreiddiol; os bu i honno gyfoethogi ein llên, y mae ynddi hefyd gordial na wn ei hafal am gyfoethogi profiad:

Ymbil

Ein Tad, yr hwn wyt yn nefoedd, gad
I mi, a ddodaist ar y ddaear hon,
Ymbil am un gymwynas ddinacâd
Yn gysur wrth afonydd Babilon.
Un ffafr. Ti wyddost na ryglyddais ddim
Erioed o'th drugareddau rif y dail

20

Na'r gras sy'n gymorth cyfamserol im
Ym mherson gwynfydedig Adda'r Ail.
Nid am it ddisgyn o'th gynteddoedd fry
I'm tywys trwy'r anialwch tua thref
Heb wyro ar dde nac aswy gyda'r llu,—
Nid hyn, O Fugail Israel, yw fy llef,
Ond am i mi, fel Tithau, ambell awr
Gael llonydd gan holl derfysgiadau'r llawr.

Ac nid oedd yn arfer gan William Williams a'i emyn, na
Parry-Williams a'i soned, dorri llawer o gnau gweigion.

Hunan-bwysigrwydd

Weithiau, fe ddaw rhywun heibio a rhoi pin sydyn ym
malŵn ein pwysigrwydd ni. A phrofiad gwir losg yw gweld
mai dim ond gwynt oedd yn cadw'n siâp ni yn ei le.

Un peth y gall dyn ei wneud ynghylch pigiad o'r fath yw
gwylltio'n gudyll ac ymroi i fflamio a chodi'r twrw mwya cyn-
ddeiriog nes cynhyrfu pawb a phopeth. Y drwg wrth chwyrn-
ymateb felly yw bod dyn yn mynd yn ddyfnach i Gors yr
Hunan nes suddo at ei geseiliau.

Ond yr ymateb arall, sy'n llawer glanach na ffromi a than-
tro, yw dysgu chwerthin. Dyn yn ddigon hyblyg i sefyll y tu
allan iddo'i hun a gweld ei bwysigrwydd ei hunan yn beth mor
druenus o chwyddedig nes mynd yn beth comic.

'Gofiwch chi'r ffilm hwnnw gan Abbot a Costello, lle'r oedd
Costello, y cowboi dewr, yn wynebu'r cowboi drwg? Y tu allan
i'r salŵn yn dawel fel tynged yn yr haul gwyn, a'r ddau
gowboi'n dod yn nes ac yn nes, gam ar ôl cam, cyn tanio'r
ergyd farwol honno. Ond yna, heb reswm ar y ddaear, ac o
bopeth anosgeiddig i'w wneud, mae Costello'n baglu'n garbwl
ar draws ei draed ei hunan,—a dyna'r Neuadd Bictiwrs yn
chwalfa o chwerthin. Wrth gwrs, dyna holl ddiben yr olygfa:
rhoi pin ym malŵn y cowboi pwysig!

Y gorau o neb i chwerthin am ben ei drwstaneiddiwch ei
hun oedd y diweddar ddawnus J. O. Williams, Bethesda,
awdur 'Siôn Blewyn Coch', a llawer peth arall mwy difrifol.

Un pnawn, fel yr oedd J. O. yn stopio'i gar ger castell Caernarfon, dyma ddyn o'r maes parcio yn dod ato fo'n brysur a'i hysbysu'n dra phendant na châi o ddim gadael ei gerbyd yn y fan honno, a bod yna le parcio yn is i lawr.

"Dim ond isio picio i le'r dynion ar draws y ffordd yma'r ydw i," sibrydodd J. O. yn gyfeillgar. "Fydda i ddim dau funud yno."

"Dydi o ddim math o ots gen i faint fyddwch chi yno," meddai'r dyn yn siarp. "Chewch chi ddim parcio yn fama. Symudwch."

Dyma J. O. yn gwylltio'n gaclwm ulw, ac yn penderfynu ynddo'i hun ei fod yn mynd i'w gosod hi i'r dyn, a'i roi yn ei le heb ddim mwy o lol. Agorodd ddrws ei gar ar ffrwst, camu allan, sefyll o flaen y brawd, a dechrau arno:

"Ylwch yma!" meddai J. O. yn rhyfedd o ddof. "Drychwch chi! Y . . . y . . . y . . . peidiwch â bod . . . yn *cheeky* . . ."

A dyna'r cwbwl a ddaeth allan ohono! O'i weld ei hunan ar awr boeth gorlif o dymer, yn methu'n resynus â dod o hyd i eirlau, ac yn llefaru cerydd oedd mor bitw a llipa, fe ddechreuodd J. O. chwerthin am oi ben ei hunan. A chwerthin y bu wrth yrru ymlaen, a than chwerthin y cyrhaeddodd cin tŷ ni ugain milltir i ffwrdd, a dyna'i stori inni'r tro hwnnw cyn croesi'r rhiniog ymron!

Diolch i'r Gras am bobol sy'n medru chwerthin, yn enwedig am ben eu pwysigrwydd eu hunain.

Goleuni

'Duw sy'n hau goleuni', meddai llinell o emyn gan Watcyn Wyn.

Lle bynnag y bo'r sôn am Dduw, fe geir hefyd sôn am oleuni. Craffwch ar y tair adnod sy'n agor y Beibl: *'Yn y dechreuad y creodd Duw y nefoedd a'r ddaear. A'r ddaear oedd afluniaidd a gwag, a thywyllwch oedd ar wyneb y dyfnder, ac ysbryd Duw yn ymsymud ar wyneb y dyfroedd. A Duw a ddywedodd, Bydded goleuni, —a goleuni a fu'.*

A dyna'r hanes wedyn, reit drwy'r Beibl: lle bynnag y bo Duw y mae goleuni; felly hefyd y dywedodd Iesu Grist amdano'i hunan: *Myfi yw Goleuni'r byd.*

Ond pan ddaw dyn i'r stori, dyma gael ochr tywyllwch i bethau, a hynny ar drawiad. A dyna, meddai'r Beibl, yw'r felltith fawr: *'Hon yw y ddamnedigaeth, ddyfod goleuni i'r byd, a charu o ddynion y tywyllwch yn fwy na'r goleuni'.* Mae yna ryw ysfa od mewn dyn am dynnu tua'r cysgodion, ymguddio yng ngwyll ffau a hofel. Mor arwyddocaol, yntê, yw'r gair *'underworld'?*

Eto, yn y diwedd eithaf, gweiddi am y golau a wnaiff dyn. 'Chwychwi oll, plant y goleuni ydych, a phlant y dydd'.

'Rwyf yn blino ar y twllwch,
Deued, deued golau'r dydd:
Yn y golau
Mae fy enaid wrth ei fodd'.

Yn ystod haf y llynedd roeddwn yn gyrru trwy Ystradgynlais, heibio i Graig-y-nos lle bu Madam Patti, ac ymlaen nes cyrraedd Dan yr Ogof. Wedi talu wrth y bwth dyma gyrraedd at y pyrth, pyrth haearn mawr oedd yn agor i mewn i'r mynydd. Dilyn yr arweinydd yn glòs, a chyn pen dim roeddem ni'n symud yng nghanol tywyllwch. Wel—nid tywyllwch yn hollol chwaith, am fod yna, bob rhyw ddecllath, fwlb trydan yn taflu llewyrch ar lwybrau troellog yr ogofâu.

Wedi cerdded am gryn dri-chwarter awr yn ddwfn i berfeddion y ddaear, dyma'r arweinydd yn aros a dweud: ''Sefwch ble'r ydych chi'n awr, a pheidiwch â chael ofon!'' Yna, estyn ei law at swits yn y graig, a diffodd popeth. Wel, yn enw pob rheswm! Dyna'r tywyllwch trymaf a welais i erioed yn fy mywyd. Yn yr ogof honno, gryn filltir i lawr ym mol y ddaear, heb un gradd o olau dydd, roedd yr afagddu fel melfed; bron na ellid cydio mewn dyrnaid o'r tywyllwch hwnnw. Pan ddaeth y golau yn ôl yr oedd gweld llewyrch y bylbiau hynny yn ollyngdod annirnadwy. Heb ddadl, yn y pen draw, plentyn y goleuni ydi dyn. Bellach, mi fedra i ddeall yn well pam fod Pantycelyn yn dyheu fel y gwnaeth o:

> Disgwyl rwyf trwy hyd yr hirnos,
> Disgwyl am y bore ddydd;
> Disgwyl clywed pyrth yn agor,
> A chadwynau'n mynd yn rhydd;
> Disgwyl golau
> Pur yn nhwllwch tewa'r nos.

A hyn sy'n beth od: os ydych chi wedi byw'n ddigon hir yn y goleuni, mae'r goleuni hwnnw fel pe bai'n mynd i mewn i'ch hanfod chi, yn gweithio ar bob un synnwyr a theimlad. Yn troi yn fath o 'oleuni mewnol', am wn i. A rhyda'r goleuni rhyfeddol hwnnw, er ei bod hi'n dywyll bitsh, mi fedrwch ffeindio'ch ffordd yr un fath yn union.

Fy nghyfaill mebyd i yn ardal Eifionydd oedd John, Tŷ Lôn,—J. R. Owen, Ohio erbyn hyn. I fynd o'n cartre ni i Dŷ Lôn roedd yn rhaid croesi cae, yna drwy giât fechan i mewn i'r coed. Roedd y coed yn fforest drwchus ar lethr siarp, gydag afon Dwyfach yn llifo i lawr yn y gwaelod. Yn arwain trwy'r goedwig dywyll yr oedd llwybr cul, troellog,—a serth iawn. Yr ochr arall i'r afon, llwybr cul, troellog eto oedd yn arwain yn y man at ddwy bompren, ac wedyn at dair pont fechan arall; llechi llydain, llithrig a diganllaw oedd y pontydd hynny. Wedi croesi'r rhain i gyd, dringo ochr serth y goedwig a chamu'n ofalus dros wreiddiau'r coed oedd yn ymnyddu ar wyneb y llwybr; gwreiddiau celyd fel asgwrn, a phethau hawdd iawn baglu drostyn nhw, a dweud y gwir. Ar wegil y winllan, dringo'r grisiau cerrig at giât gefn y Plas, ymlaen at lidiart ffarm Plas Hen, gyda dŵr y llyn corddi'n cydredeg â'r ffordd. Dim ond un llidiart eto nes dod i lawr y pant. Ac wele Dŷ Lôn. Dyna'r daith o'n tŷ ni i gartre J. R., ac yn hogyn fe'i cerddais i hi ôl a blaen gannoedd o weithiau.

Un noson yn Nhŷ Lôn roeddwn i wedi gadael iddi fynd yn

hwyr iawn cyn troi tuag adref,—roedd hi wedi hanner nos. Y tu allan, roedd hi'n wirioneddol dywyll, yn gwbl ddi-leuad, a di-seren hefyd. Mwy na hynny, niwl trwchus yn fantell dros y fro. A minnau heb lamp. Bron na ddywedwn i am y noson honno ei bod hi'r un mor dywyll yng nghoed Gwynfryn ag oedd hi i lawr yn Nhan yr Ogof. Yn llythrennol, 'fedrwn i ddim gweld yr un cam o gwbwl ymlaen. Dim un. Wel, be allwn i ei wneud? Dim byd ond cychwyn cerdded. A cherdded wnes i. A chyrraedd adre'n saff ac yn gyfan hefyd.

Un cyfaddefiad: rydw i wedi bod yn meddwl llawer mewn sobrwydd am afagddu'r noson honno,—ar ôl hynny. Petasai dyn diarth wedi cael ei ollwng i'r tywyllwch hwnnw, nid digon yw dweud y byddai wedi mynd ar goll; rydw i'n amau a fyddai'n fyw. Fe allasai fod wedi cerdded i'r llyn corddi, fe allasai fod wedi llithro o risiau'r Plas i lawr y dibyn i waelod yr afon; fe allasai fod wedi baglu ddengwaith dros wreiddiau'r coed ar y llwybr a thorri'i esgyrn; fe allasai fod wedi methu'r bompren o fodfeddi, neu golli'i droed ar y bont lechen a mynd drosodd i'r ffosydd dyfnion.

Eto, mae'r gyfrinach yn syml. Roeddwn i wedi gwneud y daith ers cymaint o flynyddoedd yng ngolau dydd pan oedd yr haul yn llachar, fel pan ddaeth y nos ddu, fod y goleuni mewn rhyw ffordd wedi hidlo i'r tu mewn imi. Ac yn yr afagddu fawr, roedd y golau hwnnw yn gweithio fel llygaid yn y tywyllwch, yn deimlad mewn llaw a chyffyrddiad i droed, yn glust i glywed sŵn daear ac afon a phridd a charreg, yn ffroen wrth arogleuo dail a rhedyn a mwsog. Ac er bod y ffordd beryglus tuag adre yn llwyr o'r golwg yn nhywyllwch y noson honno, eto roeddwn i'n *gweld y llwybr bob un cam o'm blaen.*

A phetaech chi'n gofyn am esboniad ar yr adnod o Sech-areia— *'Bydd goleuni yn yr hwyr'*, fe gynigiwn i hwnna fel un, a mynd gam ymhellach: os yw dyn wedi byw digon yng ngoleuni Iesu Grist, bod y goleuni hwnnw'n troi yn llewyrch cynnes yn y nos dywyllaf.

Gwyrthiau'r Haul

IAITH:

Maen nhw'n dweud pe diffoddai'r haul y byddai'n daear ni yn diffodd hefyd. Yr haul ydi ffynhonnell bywyd ein daear ni; ganddo fo yr ydan ni'n cael egni. A goleuni. Ac fe ellir dal bod golau yn siarad: bod gan oleuni iaith. Ydach chi wedi sylwi cymaint o oleuon sydd o'n cwmpas ni bob dydd? A phob un o'r rheini, wrth fflachio, yn trio cyfleu rhywbeth wrthym ni. Iaith goleuni.

Dyna oleuon y traffig: mae'r golau coch yn dweud wrthym ni am stopio, y melyn yn siars inni fod yn barod, a'r gwyrdd yn egluro y cawn ni gychwyn. Ar hyd yr heolydd fe geir goleuon sy'n dangos siop y fferyllydd neu'r caffi neu'r modurdy; pob un yn cynnig inni ryw hwylustod neu'i gilydd.

Dacw'r modur gwyn â'r enw AMBIWLANS mewn golau, sy'n dweud mai cerbyd ydi hwnnw ar ei siwrnai i liniaru poen rhyw glaf. A dyma fen yr heddlu gyda'r lamp ar y to sy'n troelli pelydrau gleision,—mae hithau ar ei thaith i helpu rhywun, neu i ddisgyblu rhyw droseddwr.

Draw ar y môr, dacw fflachiadau cyson y goleudy, a'r goleuni mewn lle felly yn rhybuddio llongau rhag peryglon creigiau. Ar fwrdd y llong, hithau, boed nos neu niwl, mae nodwydd wynias y teclyn radar yn nodi'r sefyllfa ar sgrîn. Mae'r un peth yn wir am sgrîn teledydd hefyd,—goleuni ydi hanfod hwnnw. Fe all y sgrîn ddangos pethau digon truenus a gwacsaw, ond eto trwy'r teledu mae goleuni'n cludo llawer o ddiddanwch a swm o addysg.

Ni waeth i ble y trown ni, mae goleuadau'n fflachio o'n cwmpas ar fôr a thir ac awyr, a'r goleuon yn siarad gyda phobol. Dyna iaith goleuni.

GWAITH:

'Chwi yw goleuni y byd', meddai Iesu Grist wrth ei ddisgyblion. 'Llewyrched felly eich goleuni ger bron dynion fel y gwelont eich gweithredoedd da chwi, ac y gogoneddont eich Tad yr hwn sydd yn y nefoedd'.

Yn y fan yna mae goleuni yn gwneud mwy na jest fflachio'n grand,—mae'n troi yn 'weithredoedd da'. Yr iaith yn troi'n waith.

Flynyddoedd yn ôl, fe gofiaf gael rhyw helynt ar groen fy wyneb, ac er rhoi cynnig ar bob math o eli, doedd dim byd yn symud yr aflwydd. Yn y diwedd, wedi galw heibio i'r meddyg, caed y ddedfryd ganddo: "Mae'n rhaid i chi ddod yma bob dydd am wythnos,—mi ro' i'r lamp ar eich wyneb chi." Rhoddodd fi i orwedd o dan belydrau cynnes lamp gron, ddisglair; os deallais i'n iawn, lamp *ultra-violet* oedd hi. Ar ôl y driniaeth gyntaf honno, nid oedd unrhyw newid i'w weld ar y croen. Nac wedi'r ail ddiwrnod chwaith. Na'r trydydd. Ond erbyn y pedwerydd tro, wedi archwilio'r wyneb, dyma'r meddyg yn dweud: "Fachgen! Mae'r lamp wedi gweithio!" Cyn pen wythnos arall roedd y croen yn iach a glân.

Nid teclyn cromiwm yn goleuo'n ymffrostgar oedd y lamp, ond llestr oedd yn gweithio'n ogystal. Mae goleuni'n medru trin afiechydon a iacháu pobl. Nid iaith, ond gwaith hefyd.

Pan welodd Iesu Grist y dall hwnnw ger llyn Siloam, fe ddywedodd beth fel hyn: 'Rhaid i mi weithio gwaith yr hwn a'm danfonodd tra'r ydyw hi'n ddydd . . . Tra'r ydwyf yn y byd, goleuni'r byd ydwyf'. A phen draw'r stori oedd bod y truan dall wedi'i gyrchu at y llyn . . . 'ac a ddaeth yn gweld'. A Goleuni'r Byd wedi gwneud ei waith ar dywyllwch dyn dall.

TAITH:

Gyda miwsig Beethoven a geiriau T. Gwynn Jones, mae'r anthem 'Y Nefoedd sy'n Datgan' yn canu'n wefreiddiol ac yn cloi yn orfoleddus wrth sôn am yr haul yn 'gloywi'r pellterau fel rhyw bendefig ar ei daith'. A dyna'r gwir am oleuni'r haul: ar ei daith y mae o. Egni ar drafael.

Dywed y gwyddonydd fod goleuni yn trafeilio mewn un eiliad, 186,000 o filltiroedd. Y fath arswyd o wib ac o bellter! Ninnau'n sôn gydag ymffrost am y goleuni sydd gennym ni yn y tŷ, neu yn y capel, neu'r ffatri, neu'r car! Y mae gwir beryg inni gredu mai ni sy'n creu goleuni ac mai ni a'i piau. Ond *cael* goleuni a wnaethom ni. A'i gael o'r haul. Gwyrth yr haul sydd yn y trydan, a gwyrthiau'r haul sydd yn y glo a'r grawnwin. Nid yw'r 'pendefig' fyth yn gwneud ei daith o'r pellterau heb fendithio'n afradlon ar ei swae.

Felly hefyd Oleuni'r Efengyl pan fo hwnnw ar ei daith: mae'r gwyrthiau'n ymagor fel blodau. Fe gafwyd noson ryfedd yn y Gymanfa Ganu honno ym Mhen Llŷn erstalwm. Adeg y rhyfel oedd hi, y capel yn llawn dop, ac ar fin y galeri roedd rhes o garcharorion o'r Eidal oedd wedi cael caniatâd i adael y gwersyll er mwyn clywed canu Cymreig. Wrth sylwi ar y milwyr estron yn y capel, ymhell o dir eu gwlad, dyma'r arweinydd yn estyn croeso Cymry Pen Llŷn i'r bechgyn, a hynny yn enw'r Efengyl. Ar yr eiliad ddwys honno dyma Tom Nefyn yn taro nodau'r dôn 'Pembroke' gyda'r llinell:

A holl ynysoedd maith y môr
Yn cyd-ddyrchafu mawl yr Iôr
Dros wyneb daear lawr.

Aeth y gynulleidfa fawr yn gôr o gân, gyda gwres yr Haul yn asio hen elynion efo'i gilydd yng ngorfoledd yr Efengyl. A'r Goleuni claer ar ei daith trwy Benrhyn Llŷn.

O grybwyll Tom Nefyn, daw'r cof amdano wrth bregethu yng Nghorwen un tro yn sôn am dramp oedd wedi troi i mewn i'r Cyrddau Mawr. Pan gyhoeddwyd y casgliad fe chwiliodd y tlotyn drwy'i bocedi, ac o fethu â ffeindio'r un ddimai goch, pan gyrhaeddodd y casglwr ato dyma'r begar yn gwthio blychaid o fatsus ar y plât, a sibrwd: "Mi neith i danio'r lamp!"

Ac fel yna, ym mhob rhyw gaddug, y mae gan bawb ei ffordd fach ei hunan o rannu'r teg oleuni.

Creithiau Sychder

Mewn defod sydd gan Orsedd y Beirdd fe geir darllen y geiriau hyn o Lyfr y Salmau:

Yr wyt yn ymweled â'r ddaear ac yn ei dyfrhau hi; yr ydwyt yn ei chyfoethogi hi yn ddirfawr ag afon Duw, yr hon sydd yn llawn dwfr; Yr wyt yn paratoi ŷd iddynt pan ddarperaist felly iddi. Gan ddyfrhau ei chefnau a gostwng ei rhychau yr ydwyt yn ei mwydo hi â chafodau, ac yn bendithio'i chnwd hi.

Gydag adnodau sy'n llawn o eiriau dŵr, dyna'r Iddew, yn ei wlad grasboeth, yn diolch yn dra godidog am fendithion cawodydd glaw.

Pwy sydd na chofia'r llwch oedd ar faes Prifwyl Aberteifi ym 1976? Yr haf hwnnw, fe gawsom ninnau yng Nghymru brofi artaith wythnosau gorfeithion o sychder. Wrth deithio hyd y wlad ni ellid peidio â sylwi ar y dyfroedd mewn ffos a llyn yn cilio, cilio ac yn gostwng, gostwng o'r naill fis i'r llall. Felly yn Llyn Cwmystradllyn, yn argae Clywedog, Llyn Tryweryn a Chronfa dinas Caerdydd.

Pan ddelo 1988, bydd yn ben canrif codi argae Llyn Efyrnwy, a barodd i dyddynwyr Maldwyn golli dyffryn helaeth, ymron bedair milltir o hyd. Mae'n siŵr bryd hynny ei bod yn ysgytwad ddwys i'r trigolion wylio'r dŵr yn cronni'n derfynol uwch, uwch, ac yn uwch fyth, nes o'r diwedd guddio'r erwau a'u popeth otanodd,—boddi pentref Llanwddyn, yn eglwys a mynwent, boddi'r ffermydd, boddi a chuddio'r cyfan yn llwyr o'r golwg am byth.

Am byth? Na, nid felly ychwaith, o achos yn ystod haf 1976 fe sychodd yr awyr, fe giliodd y glaw am wythnosau ac fe grinodd y ddaear drosti o'i chrasu hyd y gwraidd. Daethom ninnau i ddeall ystyr 'yr hydd yn brefu am yr afonydd dyfroedd' pan welsom ddiadelloedd ar dagu o syched. Fel i anifail, daeth y sychder â dryswch enbyd, enbyd i fywyd pobol mewn fferm a ffatri, mewn ysbyty a chartref. Pan ddaeth yn ddeddf gwlad bod yn rhaid dogni'r dŵr aeth y sefyllfa mor ddwys nes bod ias o arswyd yn siarad pobol. Beth pe na bai hi'n bwrw glaw eto fyth bythoedd?

Wrth i fendithion glaw beidio fe sylwyd ym Maldwyn fod peth arall yn digwydd yn ogystal; roedd llethrau'r dyffryn a foddwyd yn Llanwddyn yn dechrau dod i'r golwg, ac o'r diwedd fel y ciliai'r dŵr yn llwyr, daeth gwaelod y dyffryn i'r golwg unwaith eto.

Profiad cymysg a dieithr oedd gweld gwaelod Llyn Efyrnwy, a hynny ar ôl can mlynedd ymron o'i guddio, gydag adfail fferm a phont a phant a phwt o ffordd yn ymddangos eto fyth; gweld eilwaith foncyffion coed ac adwyon agored lle bu caeau; gweld plethiad hen wrychoedd a fu'n derfyn rhwng tyddyn a thyddyn gan amaethwyr y ganrif ddiwethaf.

Onid dyna brofiad dyn pan fo'r Fendith yn cael ei hatal, boed honno'n fendith iechyd neu synnwyr neu sicrwydd? Mae 'methu gan y sychder mawr' yn codi arswyd, onid panic, ynom ni. Gwaeth fyth, ar ben hynny mae creithiau'r gorffennol yn dod i'r golwg, gyda'r atgofion ar brydiau yn dwyn tristwch trwm ac euogrwydd du.

Ond ddiwedd nawn Mercher, yr wythfed o Fedi 1976, wele ychydig ddafnau cynnes yn disgyn o gwmwl swil; cyn pen awr ychwaneg o ddafnau gwerthfawr, ac erbyn yr hwyr, gyda'r awyr yn duo drosti, dyma'r glaw yn dymchwel. Trannoeth, ac am rai dyddiau i ddilyn, oerodd yr hin a chafwyd gwyntoedd a chawodydd trymion. Difyr, ar dro'r tywydd, oedd gweld gwely crinsych nant ac afon a phistyll yn lleithio, a chydag awr ar ôl awr, ac yna ddydd ar ôl dydd o'r glaw, cryfhaodd y ffrydiau eiddil yn rhyferthwy brochus dros greigiau'r mynydd nes i'r wlad droi'n foddfa. Llanwyd yr argae i'r ymylon, ac unwaith yn rhagor fe beidiodd y dogni. Ac yn fwy na dim, aeth creithiau gorffennol dyffryn Efyrnwy o'r golwg dan y dŵr.

Yr un un o hyd yw stori gwarchodaeth y cwmwl dros ein daear ni: 'yr ydwyt yn ei mwydo hi â chafodau . . .' A'r alwad i bererin mewn syched a than graith yr un, hithau: 'O, deuwch i'r dyfroedd!'

> Minnau ddof i'r ffynnon loyw
>   Darddodd allan ar y bryn;
> Ac mi olchaf f'enaid euog
>   Ganwaith yn y dyfroedd hyn;
>   Myrdd o feiau
> Dafla' i lawr i rym y dŵr.

Bendith

O flaen pryd bwyd mae rhai yn 'gofyn Bendith'. Ar derfyn gwasanaeth crefyddol mae'r offeiriad yn cyhoeddi'r 'Fendith'. I gwrt mawr Eglwys Sant Pedr yn Rhufain daw'r miliynau i geisio 'Bendith' y Pab. Mae gen i ffrind ym Mhwllheli, a bob tro wrth ymadael, boed hynny yn y siop neu ar y palmant, ffarwél olaf fy nghyfaill yn ddi-feth ydi'r ddau air: 'Pob bendith'. Hyfryd, yntê? Ond beth ydi ystyr 'bendith'? Cyn belled ag y gwelaf i, dymuno daioni ar ran rhywun y mae dyn; daioni ysbrydol, a thymhorol hefyd. Deisyfu i ddyn bob peth a ddichon fod yn help i esmwytháu bywyd a hwyluso'r daith. Wele adnodau rhyfedd fel y rhain o Lyfr Genesis:

A Jacob a adawyd ei hunan; yna yr ymdrechodd gŵr ag ef nes codi'r wawr. A'r angel a ddywedodd, 'Gollwng fi ymaith, oblegid y wawr a gyfododd.' Yntau a atebodd, 'Ni'th ollyngaf oni'm bendithi.'

A'r angel a ddywedodd wrtho, 'Beth yw dy enw?' Ac efe a atebodd, 'Jacob.' Yntau a ddywedodd, 'Mwyach, ni elwir dy enw di Jacob, ond Israel . . .' Ac yno efe a'i bendithiodd ef . . .

A'r haul a gyfodasai arno fel yr oedd yn myned dros Penuel. Ac yr oedd efe yn gloff o'i glun.

Wn i ddim a fyddwch chi'n gwylio rhaglenni ymrwyfus y *wrestling* bondigrybwyll ar deledu, ond y mae'r adnodau yna'n disgrifio ymrafael chwyrn rhwng yr angel a Jacob. Duw yn ymdrechu â dyn. Ac o feddwl, un rhyfedd ydi Duw am sgarmesu â dynion. 'I ba le y ffoaf o'th ŵydd?' meddai'r Salmydd gynt wrth drio dadfachu.

Onid dyna stori'r Efengyl ar ei hyd: Duw mewn brwydr â dynion? Dyna a gafodd Iesu Grist o'r cychwyn, ac ar hyd y daith: ymdrechu â'r Herodiaid, yna gyda'r Phariseaid, wedyn gyda Chaiaffas a Pheilat. Brwydrau ffyrnig yn erbyn Pechod ac Anwybodaeth a Mileindra, nes iddo un pnawn gael marwol glwyf.

Ond yn yr ymaflyd codwm yn Llyfr Genesis, mae'r stori'n awgrymu fod Jacob wedi cael y fath afael ar yr angel nes medru fforddio dweud wrtho: 'Ni'th ollyngaf oni'm bendithi'. A'r hyn a wnaeth yr angel gyda'r gŵr taer hwn oedd rhoi enw arall arno: 'Mwyach ni elwir dy enw di Jacob, ond Israel'.

31

Un o efeilliaid oedd Jacob,—brawd Esau, a aned gyntaf, ond fe ddaeth Jacob i'r byd, medd yr adnod, *'â'i law yn ymaflyd yn sawdl Esau'*. Ac enw'r byd a roed ar Jacob, sy'n golygu 'baglwr' neu 'ddisodlwr'.

Pa syndod iddo gael enw newydd! A dyna'r union beth sy'n digwydd pan ddaw'r fendith i ran dyn. Roedd Iesu Grist yntau, yn rhoi enwau newydd i ddynion: Meibion y Daran; Pedr yn cael yr enw Ceffas; Saul yn cael Paul. Gellir dweud mai enw'r byd sydd arnom ninnau'n bur aml: twyllwr, cablwr, lleidr, rhagrithiwr . . . Cafodd Thomas Williams, Bethesda'r Fro, afael ar gnewyllyn y peth:

Pechadur yw fy enw
Ni feddaf enw gwell.

Ond, pan ddaw'r Fendith Fawr, mae'r enw newydd yn anochel, ac fe'i clywir gennym mewn ambell sgwrs: 'On'd ydi Edward Ifans yn *Gristion?*' 'Rêl *Boneddwr* ydi John Dafis.' 'Os oes rhywun yn *Sant,* Martha Lewis ydi honno.'

Wrth ymrafael am y Fendith, ar ben cael enw newydd, fe gafodd Jacob ei farcio: *'Yr oedd efe yn gloff o'i glun'.* Jacob yn cario nod yr ymrafaelio, ac fel y disgyn y llen ar y ddrama ryfedd, fe welir fod y Fendith wedi gadael ei marc arno.

Flynyddoedd lawer yn ôl, roeddwn i efo mam mewn Sasiwn yng nghapel Salem, Pwllheli, y lle o dan ei sang, gyda Tom Nefyn yn pregethu'n angerddol ar y Mab Afradlon. Yn y sêt fawr, eisteddai William Jones, Efailnewydd, henwr oedd yn mynnu codi ar ei draed bob hyn a hyn, a thorri ar draws Tom Nefyn: 'Dal ati, Twm bach!'

Minnau, wedi'r oedfa ryfedd, yn gofyn i mam beth oedd yn bod ar yr hen frawd, a mam yn esbonio: 'Fedar William Jones ddim peidio, wyddost ti. Diwygiad 1904 sydd wedi gadael ei farc arno fo.'

Does dim dadl nad oes rhyw ddaioni yn y byd sy'n medru newid pobol, a'u gwneud yn bersonau newydd sbon, yn gymaint felly nes gorfod newid yr enw,—'gwneud yr euog brwnt yn lân'. A phle bynnag y cerddo'r Fendith, y mae'n gadael ei hargraff heb ddadl; nod y bugail sydd ar y ddafad, llofnod yr artist sydd ar y cynfas, a stamp y gof arian sydd ar y gostrel . . .

'O! Dduw, rho im adnabod
Ar f'ysbryd ôl dy law'.

Sefyll wrth y Drws

Un peth yr ydan ni'n bur debygol o'i wneud droeon mewn wythnos ydi sefyll wrth ddrws rhywun, a churo. Wedyn aros, a disgwyl i'r drws hwnnw agor inni.

Lle bo drws wedi syrthio oddi ar ei fachau, a'i waelod wedi pydru, gellir bod yn weddol ddiogel nad oes neb yn byw yn y fan honno, ac nad oes dim byd o werth mawr y tu ôl i'r drws hwnnw. Fe geir rhyw ddarnau o ddrysau blinedig felly ar furddyn neu hofel, ac fel rheol rydan ni'n pasio i mewn ac allan drwy lefydd o'r fath yn ddigon powld gan wybod nad ydym yn tramgwyddo neb. Nid pobol, ond pethau sydd mewn corneli felly, a gellir dweud yn weddol deg nad oes ddrws fel rheol ar bethau.

Rydan ni'n trin *pethau'r* ddaear heb ofyn eu caniatâd nhw o gwbl. Nid yw'r gof yn gofyn i'r telpyn haearn fod yn bedol: mae o'n bwrw ati i boethi'r metel a morthwylio'r haearn i'w siâp ar yr engan, a dyna fo. Nid yw'r coliar yn gofyn i'r pwll a gaiff o'r glo: mae o'n ffrwydro'r wythïen a'i malu hi'n dalpiau i'r wyneb. Nid yw'r saer yn gofyn i'r dderwen am drawstiau: mae o'n bwyellu'r goeden i'r llawr a'i llifio hi yn ôl y galw.

Mae defnyddiau'r ddaear hon—yn goed a mynyddoedd a chwareli—yn llydan agored i ddyn gerdded atyn nhw, a'u meddiannu. Dyna'r drefn erioed gyda phethau daear. Ond nid dyna'r drefn o gwbwl gyda *phobol* daear. Mae yna rywbeth preifat o gylch pobol. Mae yna ddrws ar bersonoliaeth dyn.

'Wele, rwyf yn sefyll wrth y drws . . .' meddai'r Grasol yn Llyfr y Datguddiad; adnod sy'n dweud bod dyn yn ddigon mawr i gael drws ar ei fywyd. Ar ben hynny, mae dyn yn ddigon mawr i gael ymwelydd hefyd: mae yna Rywun yn curo wrth y drws.

Pe na bai'n ddim byd arall, y mae bod dyn yn curo wrth ddrws yn arwydd o barch i breifatrwydd y trigiannydd. Does gan neb hawl i gerdded i dŷ dyn arall heb ei wahodd. Does gan neb hawl i dramwy ar diriogaeth dyn arall heb i hwnnw roi'i ganiatâd. Fedrwch chi ddim bod yn gyfaill i neb os nad yw hwnnw, neu honno, yn dewis agor y drws. Dyna pam na ellir *gorfodi* neb i fod yn ffrind: mae'n rhaid cael cydsyniad a chydddeall i wneud ffrindiau.

Ar dudalen ôl cylchgronau merched, fe geir llythyrau yn gofyn am gymorth, yn amlach na heb ynghylch helyntion serch a phriodas. Llythyr gan eneth, dyweder, sydd mewn cariad â llanc ifanc (neu fel arall, llanc ifanc mewn cariad â geneth) a phenyd y llythyrwr yw hyn: nad yw'r person arall yn cymryd unrhyw fath o sylw o serch y galon glaf, gyda'r cwestiwn amlwg ar y diwedd—'Beth alla' i ei wneud i ennill cariad y person arall?'

Yr ateb caled, hyd y gwelaf i, yw dim byd oll. Fedrwch chi ddim gwthio'ch ffansi ar berson arall heb i hwnnw, neu honno, agor y drws i dderbyn cyfeillgarwch neu serch. Ac y mae unrhyw ymyrryd i fynnu agor y drws yn drais. Malu'r drws y mae'r treisiwr bob tro.

Beth ynteu, yw diben 'curo wrth y drws'? Wel, mae dyn yn curo drws, nid i ddweud ei fod yn dod i mewn, ond i ofyn a *gaiff* o ddod i mewn. A dyna neges Iesu Grist: dweud, trwy guro wrth y drws, bod dyn yn ddigon mawr i gael ymwelydd. Ac i gael yr ymwelydd mwyaf o bawb. Ac ar ben hynny wedyn, fod dyn yn greadur digon mawr i fedru agor.

Lawer blwyddyn yn ôl pan oedd y plant yn fychan gartre, roeddem ninnau fel rhieni gartre gyda nhw, wrth gwrs. Dydi o ddim yn beth diogel gadael plant bach mewn tŷ ar eu pennau'u hunain. Yn anaml iawn, iawn y digwyddodd inni fel tad a mam fod allan o'r tŷ ar unwaith, ond pan fyddai'n rhaid arnom fod i ffwrdd am ddeng munud neu chwarter awr, dyna'r siars a gâi'r plant: "Peidiwch ag agor y drws i neb. Neb, cofiwch."

Pam rhoi rhybudd mor bendant? Am nad oedd hi ddim yn saff. Neu'n gywirach, efallai, am nad oedd y plant yn ddigon mawr i benderfynu agor drws i neb.

Profiad hyfryd, fodd bynnag, oedd gweld y plant wedi tyfu'n ddigon mawr fel y bo'r rhieni wrth fynd am wythnos o wyliau, yn medru dwedu wrthyn nhw gyda hyder llawn: "Edrychwch ar ôl y lle tra byddwn ni i ffwrdd." Y plant, bellach, yn ddigon cyfrifol i gadw rheolaeth ar y drws, ac i warchod y mynd a'r dod sydd trwyddo.

Prin bod adnod yn bod a barchodd ddyn yn fwy, ac a brisiodd ddyn yn uwch na hon! 'Wele, rwyf yn sefyll wrth y drws, ac yn curo . . .'

Clywed y Llais

Nid curo wrth y drws yn unig a wna'r Grasol. Mae'n galw'n ogystal: 'os clyw neb fy llais i . . .' A glyw dyn y tyner lais sydd gwestiwn arall, am ei fod yn ystafell ei fywyd gan amlaf yn rhy brysur i *glywed*—heb sôn am wrando.

A'r fath ofalon a chynlluniau sydd ar fynd o'r tu mewn i'n bywyd, yntê? Llond cnawd a chalon a meddwl ac enaid o fwriadau ac o blaniau. Mi glywaf leisiau fy mhrysurdebau swnllyd fy hunan y munud yma: i fod yn y stiwdio ym Mangor amser cinio yfory; fore Mawrth, draw i Fachynlleth, a ras yn ôl derfyn pnawn i gyrraedd Tudweiliog at y Dosbarth Nos; wedi addo rhoi pwt o ddarlith nos Iau i gyfeillion pentre fy mebyd yn Llanystumdwy; Nos Wener, pregethu ym Mhentraeth, Môn. O! ia, mi fydd yn rhaid newid oel y car cyn diwedd yr wythnos; cofio galw ynglŷn â rhyw bapurau efo dyn y banc; mi garwn weld perfformiad y Cwmni Theatr hefyd—wn i ddim fedra i ddod i ben â phob dim . . . ac mi fydd yn Sul cyn imi droi rownd. O! ffwndrus fywyd!

'Holl leisiau'r greadigaeth, holl ddeniadau cnawd a byd' meddai'r mawr o Bantycelyn. Ceisiadau byd a bywyd yn galw oddi yma, ac yn galw oddi draw,—a'r rhan fwyaf ohonyn nhw, cystal cyfaddef, yn lleisiau difyr iawn, iawn. Ninnau'n eu clywed nhw'n un fabel ar draws ei gilydd. Ond yn methu â chlywed ei lais O.

Y mae chwarter canrif a mwy wedi hen basio er pan oedd y babi cyntaf ar yr aelwyd yn ardal Dinmael. Roedd y babi'n iach fel cneuen, ond yn anobeithiol am gysgu'r nos,—na'r dydd, o ran hynny! Gan hynny, roedd pob nos yn golygu dyfal siglo a nyrsio, ac o'r diwedd pan lwyddid i gael y fechan i gysgu, y peth arbennig bwysig wedyn fyddai cadw'r tŷ yn hollol ddistaw. Pe gwneid smic o sŵn islaw yn y gegin mi fyddai'r babi'n sicr o ddeffro.

Tua hanner nos wrth fynd i'r gwely mi fyddai'n rhaid gofalu cofio am y gris uchaf ond un ar ben y grisiau, o achos petaem ni'n digwydd rhoi troed ar y gris llac hwnnw fe ddoi rhyw wich sydyn o'r gwaith coed—a byddai'r hirwich honno'n hollti tawelwch y tŷ.

Os digwyddai i un ohonom ni anghofio camu dros y gris poenus hwnnw, ac achosi'r cyffro gwichlyd yn y pren, mi fyddai'r babi'n deffro'n syth. A dyna ni wedyn. Awr a dwy arall o waith siglo a nyrsio a chysuro!

Un noson glòs ddiwedd haf, a phawb yn y tŷ mewn dyfngwsg melys, tua dau o'r gloch y bore dyma gael ein deffro gan drybedian ergyd aruthrol yn chwalu dros yr holl ardal. Fflach mellten yn dilyn a tharan yn tasgu o'i chesail nes bod y ffenestri'n crynu'n eu fframiau.

"Y Mawredd!" meddwn i, "dyna'i diwedd hi rŵan! Mi fyddwn yn nyrsio bellach nes bydd y wawr yn torri."

Disgwyl dyfal wedyn am sŵn anochel y deffro a'r crio o'r llofft arall.

Dim byd.

Fflach a tharan arswydus eto nes bod y tŷ'n clecian. Codi ar frys a rhuthro draw i'r llofft i gael golwg. Dim un ebwch o sŵn. Roedd y babi yn ei nyth cynnes o wely yn cysgu'n esmwyth drwm, drwm. Fe barhaodd y storm fellt a tharanau i ddiasbedain am awr neu ddwy, ond fe gysgodd yr eneth fach drwy'r cyfan tyrfus tan y bore.

Rhyfedd yntê? Roedd sŵn mymryn o wich ar y grisiau yn ei deffro hi'n syth. Pan ddaeth trybedian nerthol y daran, 'chlywodd hi ddim byd!

Mor debyg ydym ninnau. Lleisiau bach y ddaear yn galw, a'r munud hwnnw dyna ni'n gyffro i gyd. 'Awdurdodol lais y nef' yn galw—a 'chlywn ni ddim byd.

Agor Iddo!

"Os agorir y drws," meddai'r Tyner Lais, "mi ddof i mewn, ac a swperaf gydag ef . . ."

Swper. Nid brecwast. Ar adeg brecwast mae holl ofalon y dydd o flaen pobol. Nid cinio chwaith. Na the. Ond swper. Yr amser hwnnw o'r diwrnod pan fo dyn wedi cefnu ar waith a helyntion y dydd, a chyfle wedi dod bellach i orffwys ac ymlacio'n dawel braf, gyda siawns am sgwrs, galon wrth galon. Fe wyddom am y profiad diddan o gael cyfaill mynwesol draw i aros diwrnod neu ddau. Sôn am siarad sy'n digwydd ar ôl swper, yntê? Sgwrsio a ffeirio profiadau a rhannu beichiau hyd oriau mân y bore. A thywyllwch oer y nos wedi'i anghofio'n llwyr gan y goleuni bendigedig sy'n tywynnu mor gynnes rhwng cyfeillion.

Adeg y rhyfel diwethaf fe ymddangosodd cartŵn cofiadwy mewn papur. Darlun o gyfnod y Blacowt, pan oedd hi'n beryg bywyd i neb ddangos llygedyn o olau mewn na ffatri na heol na chapel na thŷ. Nid oedd un rhimyn o oleuni i ddod o un man; nid o ymylon ffenestri nac o dan ddrysau hyd yn oed. Gorchymyn y gwledydd rhyfel oedd: *'Black Out!'*

Roedd y cartwnydd hwn wedi gweithio'i linellau ar batrwm darlun enwog Holman Hunt—*The Light of the World.* Ac wedi gosod Iesu Grist yng nghanol y Blacowt gyda lamp Goleuni'r Byd yn ei law. Yntau, yn llewyrch y golau yn curo wrth ddrws mewn stryd o gaddug. Ond yn closio tuag ato o'r tywyllwch yr oedd pedwar gŵr mewn iwnifform A.R.P. Warden; y dynion oedd Stalin, Churchill, Roosevelt a Hitler. A'r pedwerydd gŵr yn pwyntio'i fys at Iesu Grist dan weiddi'n groch: "PUT THAT LIGHT OUT!"

Mae'r pedwar hynny wedi mynd ers blynyddoedd. Ond y mae'r Boneddwr Mawr yn dal i guro'r drws fel erioed. Yn dal i gario'r lamp sy'n cynnig gyrru'r nos o fywydau pobol.

I be'r awn ni i gablu a ffaglu a ffwndro yn nos ein pryderon a'n dialeddau a'n hofnau tywyll?

Agor iddo!

Baban y Ddrycin

Ers rhai dyddiau bellach y mae yna fabi bach yn ein tŷ ni. Ond rhag i neb gael pen chwithig i'r stori, gwell dechrau eto . . . Rhyw bythefnos yn ôl roeddwn i'n cerdded ar hyd y Clawdd Llanw lle mae'r ddwy afon yn Rhos-lan yn cyfarfod, a llifo'n un tua'r môr am aber Dwyfor. Wedi gadael y Clawdd Llanw, croesi'r rheilffordd, ac ymlwybro drwy'r moresg, dyma gamu dros y twyni a sefyll ar draeth godidog unig Tyn-y-morfa.

Ond sôn am lanastr oedd yno: gweddillion y ddrycin ym mhob man, gyda'r gwymon yn bentwr o gylymau, boncyffion a brigau'n domennydd, tuniau, bocsus, pytiau o raff, poteli gwydr, planciau o goed . . . y cyfan yn strim-stram-strellach. Ac wedi eu sborianu ar hyd y traeth yr oedd amrywiaeth liwgar o bopeth plastig a grewyd erioed, yn danciau a thiwbiau a photeli a theganau.

Dyna lle'r oeddwn i, yn y tawelwch sy'n dilyn tymestl, wrthi'n stryffaglio drwy'r broc môr disberod ar y traeth; pethau oedden nhw a gafodd eu corddi gan y tonnau, eu bwrw yn erbyn creigiau, eu chwipio gan dywod a'u cratu'n greithiau gan y cerrig. Yna, gyda thon uchaf penllanw, eu lluchio ar y lan wedi'u tolcio a'u cracio a'u malu.

Yn sydyn, arhosais yn fy ngham, o achos beth a welwn i wrth fy nhroed oedd pen bychan. Roedd y pen yno ar ei wastad, yn sownd mewn gwely cymysg o dywod a gwymon a phriciau. Mi blygais i lawr gan fyseddu trwy'r cylymau cordeddog nes cael y pen yn rhydd. Pen doli blastig oedd o. O'i ddal yn fflat ar gledr fy llaw sylwn fod y llygaid wedi cau yn dynn. Eto, roedd yr wyneb bychan yn lân a di-graith. Wrth droi'r pen yn araf at-i-fyny, yn sydyn dyma ddau lygad glas, glas yn agor ac edrych arna i. Mwy na hynny, roedd o'n chwerthin, achos roedd y geg fach yn hanner agored gyda dau ddant gwyn, perffaith yn y golwg. Wrth i'r cryndod lleiaf ddigwydd yn fy llaw, ac fel y fflachiai'r llygaid glas, yr oedd blaen tafod y babi yn siglo ac yn cyffwrdd y ddau ddant gwyn nes bod yr wyneb glân yn gwenu drosto—y wên anwylaf a welsoch chi erioed.

Am mai ar lan y môr y ffeindiwyd o, yr enw a roddyd i'r babi bach ydi Morgan, ac erbyn hyn mae o'n byw efo ni ar silff y gegin; yn sumbol o un a fedrodd gymryd ei gnocio gan y ddrycin fawr, a bod yn dawel ac annwyl drwy'r cyfan. Wedi'r holl gorddi a fu arno, mae Morgan yn dal heb ddial, heb ddannod, heb gŵyn nac achwyn. Ac yn gwenu drwy bopeth.

Mae'r stori, am ei gwerth, yn llythrennol wir, ac fe wn na ddeil y gymhariaeth hon ddim math o straen heb chwalu! Dim ond dweud un peth: ein bod ni yn fwy na doliau plastig, a'n bod yn fynych mewn drycin sy'n ein gyrru ar ffiniau sterics os nad gwallgofrwydd. A bod dawn yn rhywle a ddichon ein dysgu i fod yn dawel yn y storm a chadw'n hysbryd yn felys. Ac os na fedrwn ni chwerthin bob tro, beth am drio gwenu?

Nofio

Ydach chi wedi bod yn nofio bellach? ''Nofio?'' meddech chitha, ''fedra i ddim nofio dros fy nghrogi. Rydw i wedi trio bob ffordd, a methu bob cynnig.''

Ar dymor haf yn nyddiau ysgol, mi fyddai'n arfer cyson gan ryw hanner dwsin ohonom ni fynd i lan môr Ynysgain Fawr i ymdrochi. Ond fy ngofid i oedd bod pawb o'r hogiau'n medru nofio, a minnau'n methu.

Roedd yr haul wedi llosgi'n anarferol boeth drwy'r dydd, ac ar ddiwedd y pnawn pan oeddem ni'n cyrchu tua'r traeth, roedd y gwres yn tasgu o'r twyni, a'r tywod yn eirias o dan draed. Ac am y môr ei hunan, wel, yr oedd hwnnw fel dŵr bath. Ac meddai Gwilym, Maen-y-wern: ''Os na nofi di heno, nofi di byth!''

Mi gofiaf yr ymdrech arwrol a wnes i'r min hwyr llethol hwnnw. Dyma ymdaflu'n ffyrnig i'r môr meddal, ac wrth gael llond dwy ffroen o ddŵr, i lawr â mi i'r gwaelod gan gicio a chorddi yn y trochion, llyncu'r heli a dechrau mygu. A dychryn yn ofnadwy. Palfalu yn ôl ar fy mhedwar i dir sych gan dagu a phoeri a ffrothio ar y lan. A dyna lle bûm i'n crio nes i Elis Gwyn ddod ata i, a dweud yn garedig uwch fy mhen i:

''Wyddost ti bedi'r matar arnat ti?''

''Na wn,'' meddwn innau, yn sypyn o fethiant gwlyb.

''Rwyt ti'n trio'n rhy galed.''

Dyna'r ateb rhyfeddaf a glywais i erioed. Ond erbyn heddiw, rydw i'n deall yn glir beth oedd Elis Gwyn yn ei feddwl. Ac yr oedd o'n iawn. Yr *oeddwn* i'n trio'n rhy galed. Nid dadlau efo'r môr ydi nofio. Ond *derbyn* y môr. Mae'r cwbwl yn y môr yn barod—ond derbyn. Mae'r trwch halen yn y dyfroedd yn barod, mae'r ysgafnder addas yng nghorff pob dyn, ac y mae deddf yn y dŵr, dim ond iddi gael ei pharchu, sydd am wthio'r nofiwr uwch y don. Onid oedd Archimedes wedi deall yr egwyddor— *'the volume of water displaced is equal to the upthrust . . .'* neu rywbeth felly? (Mae deall yr egwyddor yn bwysicach na chofio'r adnod!) Digon yw dweud fod y peth yn ffeithiol ymarferol: mi fedrwch orwedd yn llythrennol ar y môr heb suddo. O ddifri calon, 'ewch chi ddim i lawr—dim ond derbyn yn hollol dawel amodau'r môr. Ond os dechreuwch chi chwipio'r don efo breichiau a dal eich gwynt a llyncu dŵr a mynd i banic, fe suddwch. Mewn geiriau eraill, rydach chi'n trio'n rhy galed.

Tybed nad dyna'n hanes ni fel Cristionogion ac eglwysi? Nid nad ydan ni'n trio. Ond ein bod ni'n trio'n rhy galed. Rydan ni'n gwneud trefn, ac yn dweud y drefn, yn codi pwyllgorau, yn trefnu ymgyrchoedd, yn anfon apeliadau, yn poeni am gyfundrefn, ac o weld nad oes fawr o ymateb o unman rydan ni'n mynd i banic ac yn suddo'n gyflym.

'Mae'r Iachawdwriaeth fel y môr . . .' Ydi, mae hi. Mae'r cwbwl cynhaliol ar gael y funud yma, yn drwch o nerth, yn gariad, yn dangnefedd, yn faddeuant . . . dim ond inni dderbyn. *'Derbyniwch* yr Ysbryd Glân', meddai Iesu Grist.

Ac eto, mae'n bosib inni golli'r cyfan—dim ond wrth drio'n rhy galed. Nid peth i ddadlau ag o ydi Môr yr Iachawdwriaeth. Rhaid derbyn hwn—neu suddo.

> O! tyred Arglwydd, saf wrth raid
> Yn awr o blaid y gwan;
> Mi soddaf mewn dyfnderoedd du
> Oni ddeli Di fi i'r lan.

I'r Môr

Tref lanwaith, oleulon yw Aberystwyth gyda'i hwyneb at yr haul, ei chefn ar y mynydd a'i thraed yn y môr. O dreulio tair blynedd yno mewn coleg daethom yn gyfarwydd â gaeafau pwyllog, agored yr Aber yn cael eu dilyn gan hafau poethion a thrystfawr.

Sawl gwaith y gwelsom fws a thrên yn tywallt miloedd o ymwelwyr trwy dwmffat (neu dwndish) y stryd, a'u harllwys ar wasgar i'r promenâd llydan? Wele enghraifft yn yr haul y munud yma, draw acw ger y caffi; teulu bach sydd newydd gyrraedd o ganol mwrllwch dinas fawr yn Lloegr, â'u bryd ar bythefnos o wyliau. Mae golwg lwydaidd, welwon ar y rhieni, a'r plant hwythau, yn wynion a gwanllyd. Ond o daro ar y rhain ar ddiwedd yr arhosiad, bydd y teulu bach wedi'i weddnewid yn llwyr; eu cyrff yn llyfndew, eu crwyn yn felyn a'u llygaid yn pefrio gan hoen.

Beth a barodd y fath newid? Y môr. Haul ac awel a heli Aberystwyth wedi golchi drostyn nhw am bythefnos lawen, lawn. Dyna stori'r môr pan fo mewn hwyl bendithio. Ond fe geir gwedd arall ar dymer y môr hwnnw: mae hi'n fore tawel, twym, gyda bae Ceredigion yn llyfn a llonydd a'i ddŵr yn feddal. Fel y cyfyd yr haul cynnar i des awyr las, mae'r tywod yn poethi o dan draed, gyda glan y don yn ferw gan firi plant a phobol. Erbyn canol pnawn mae'r awyr yn dechrau dylu gyda thawch yn graddol guddio'r haul. Mae awel ddiarth yn plycian dros y traeth nes codi'r tywod yn droell-gawodydd bychain pigog. Yn sydyn, mae'r awel yn peidio'n llwyr, ac o'r distawrwydd mwll dyma fellten yn hollti'r awyr gyda tharan yn ei hadain. Fe syrth un defnyn mawr claear gan adael ei ôl fel medal ar y tywod sych. Yna defnyn arall, ac un arall wedyn,—a dyna'r cenlli bras yn ymollwng. Mae'r lle yn fwstwr i gyd; pawb yn rhuthro yma a thraw i gasglu'r tyweli, plygu'r cadeiriau, codi paciau a rhedeg yn wyllt am loches i'r cerbydau sydd ar hyd y promenâd. Mae'r cychod bach pleser yn prysuro am y lan, a chyn pen hanner awr nid oes neb i'w weld yn unman ar y traeth llifeiriol.

Mae'r tywydd yn gwaethygu, y gwynt yn codi'n uchel a'r mellt yn fflachio'n ffyrnicach. Mae hi'n troi'n noson wyllt, ddrycinog, ac erbyn y bore mae'r tywod yn drwch dros y ffordd gyda rhai cerrig trymion wedi'u lluchio drosodd yn

gymysg â gwymon a sbwriel. Mewn un llecyn ar y promenâd mae'r concrit wedi cracio, a haearn y rheiliau hyd yn oed, wedi'i ystumio fel dolen. Ar hyd y traeth mae darnau o gychod a geriach yn sglodion o bob lliw a siâp. Beth a barodd y fath newid? Y môr. Yr un un môr yn union â môr difyr y bore tawel, ond yn anterth y storm fe ollyngodd ei donnau yn rhydd o'u penffrwyn. Nid môr bellach, ond môr a'i donnau. Pa ryfedd, yn wir, i bobl wedi eu dal gan stormydd bywyd gael eu galw yn 'Blant y Tonnau'! O ran hynny, oni ddefnyddiwyd 'mordaith' fel ffigiwr mynych am fywyd ei hunan? Ond nid bod dyn yn mwynhau gwyliau yn gorweddian ar dywod melyn ydyw nerth y ffigiwr bryd hynny, ond iddo gael ei fwrw, gorff ac ysbryd, i ganol trochion môr dychrynllyd bywyd. Ceir emynau sy'n frith o'r syniad hwnnw:
'Ar fôr tymhestlog, teithio'r wyf . . .' 'Rwy'n morio tua chartre Nêr . . .' 'Pan ar fordaith bywyd, ac o don i don . . .' 'Yn y dyfroedd mawr a'r tonnau . . .'

Rhwng y môr a'i donnau, a 'phlant y tonnau' yn cael eu taflu o don i don nes ofni bron cael byw, roedd Ieuan Glan Geirionnydd yn dal i seinio'i gred uwchlaw cynddaredd y ddrycin: 'Fy Nhad sydd wrth y llyw'.

Braf iawn! Ond yn wir, pan fo'r tonnau'n gorddio'r llong nes tolcio'i hochrau a malu'i chabannau'n ysgyrion, mewn difri oes yna rywun o gwbwl wrth y llyw? Mae'n naturiol iawn i ddyn gael plwc o amheuaeth ar brydiau, yr un fath â'r disgyblion, gynt, o weld yr Iesu'n cysgu yn starn y llong: 'Ai difater gennyt ein colli ni?' Ond dyna'r awr y cododd yr Athro, y tawelodd y dymestl, ac y gofynnwyd y cwestiwn arall hwnnw: *'Pwy yw Hwn, gan fod y gwynt a'r môr yn ufuddhau iddo?'* Gellir esbonio fod Môr Galilea yn cael rhyw ffitiau sydyn o stormydd mynd-a-dod, ac mai cyd-ddigwyddiad felly oedd i'r Iesu godi ar ei draed yn y cwch. Serch hynny, pan ofynnir 'Pwy yw Hwn?' ar fôr garw bywyd, rwy'n gwbwl fodlon taeru mai Hwn yw Arglwydd y Tonnau. Yn gwbwl fodlon taeru'r un peth—er iddo fod yn anamlwg ar brydiau, fel yn y stori gan Marc, ei fod ef *'yn y pen ôl i'r llong yn cysgu ar obennydd'*.

Un tro, roedd Griffith Ellis, a fu'n weinidog yn Bootle, wedi mynd i'r dociau yn Lerpwl i gael golwg ar leinar fawr newydd o America. O grwydro'r llong ryfeddol drwyddi draw, yr hyn oedd wedi dal sylw Griffith Ellis yn fwy nag unpeth arall oedd y rhybudd hwnnw uwchben pob un gwely drwy'r llong:

THIS PILLOW MAY BE USED
AS A LIFE-PRESERVER.

Bob nos wrth fordeithio, roedd y teithiwr yn gorffwys ar ei obennydd, ond pe digwyddai storm suddo'r llong, gallai'r teithiwr gipio'r gobennydd i'w ganlyn, ac wrth glymu honno am ei ganol, byddai'n ddigon i gadw'i ben uwchlaw'r don. 'Wrth bwyso arno ddydd a nos, rwy'n disgwyl dod i'r lan', meddai un emynydd. Ond fe glywais am hen goliar o Dreorci yn cynnig gwelliant arni:

Wrth bwyso arno ddydd a nos
Rwy'n bownd o ddod i'r lan.

Pwyso ar Arglwydd y Tonnau!

*   *   *   *   *

Peth arall pwysig yn hanes llong ar fordaith yw'r angor. Doeddwn i ddim wedi meddwl fawr am beth felly nes i hen longwr ar y cei ym Mhorthmadog agor fy llygaid i ar y mater:

"Wel'di," meddai, "mae'n rhaid i bwysau'r angor gyfateb i faint y llong. Wyt ti'n gweld y canŵ bach melyn acw ar y tywod?"

"Ydw."

"Weli di'r *yacht* yna,—honna yn fancw efo'r hwylia cochion yna?"

"Gwela'."

"Wel, dydi angor y canŵ bach yn dda i ddim i ddal *yacht* yn ei lle, yn nac ydi? Neith angor cwch bach ddim byd ar gyfer leinar yn Southampton, yn na neith? Mae'n rhaid i bwysau'r angor gyfateb i bwysau'r llong, wel'di."

Minnau'n cofio am ryw adnod yn rhywle: *'Ac i bwy bynnag y rhoddwyd llawer, llawer a ofynnir ganddo'*. Os llong drom, yna mae'n rhaid cael angor trwm. Beidio ein bod ni ar fôr bywyd, yn cario angorion rhy ysgeifn? Sut bynnag, fe ddwedodd yr hen longwr ar y cei beth arall wedyn, a wnaeth i mi feddwl pethau o newydd:

"Cofia," meddai, "bod yn rhaid i dy angor di,—nid yn

43

unig gyfateb i bwysau'r llong,—mae'n rhaid i'r angor hefyd gyfateb i bwysau'r storm.''

Doeddwn i ddim yn ei ddilyn yn hollol glir ar y pwynt hwnnw, a bu'n rhaid gofyn iddo egluro, ac fe wnaeth: ''Ar dywydd teg,'' meddai'r hen longwr, ''mi fydd popeth yn iawn efallai. Ond aros di nes daw hi'n ddrycin. Sawl gwaith wyt ti wedi darllen hanes llong-ddrylliad yn y papur,— *'the ship dragged her anchor'?* Roedd yna ddigon o bwysau yn yr angor ar gyfer y llong, ond doedd yna ddim digon ar gyfer y storm.''

Dyna daflu goleuni, hwyrach, ar linellau fel: 'Hon yw f'angor ar y cefnfor', a 'Fy angor,—sicir yw'.

*   *   *   *   *   *

Dyna ni, felly, wedi gofalu fod popeth yn ddiogel, a'r llong yn eithaf parod i hwylio ymhell ac agos ar foroedd bywyd. Ac yn wir, peth difyr iawn yw morio trwy fywyd; y tywydd yn deg, y fordaith yn bleserus, galw yma ac acw mewn porthladdoedd dieithr, edrych ar ryfeddodau, marchnata a chodi cargo cyn hwylio ymlaen eilwaith. Yna, efallai y cyfyd croeswynt, gyda'r tonnau'n cael plwc o fygwth—sy'n anochel, o gofio mai peth felly ydyw môr. Ac mai peth felly ydyw bywyd.

Ond un diwrnod fe ddaw'r llong i olwg cartref, ac o bob crwydro, nid oes unpeth i'w gymharu â dod i olwg cartref. Mi gofiaf yn glir hwylio am Iwerddon y tro cyntaf erioed; cofio craffu'n hir, hir oddi ar y dec, a syllu mewn chwilfrydedd ar y wlad ddieithr, nad oedd ond gwawl ohoni ar y gorwel draw, ac fel y dôi'r llong yn nes ac yn nes ac yn nes, gweld harbwr Dun Laoghaire a'i oleudy a'i gerbydau a'i bobol a'i goed. Wedi glanio fe gawsom ni groeso i'w gofio gan y Gwyddyl, ac amser hyfryd ar yr Ynys Werdd; yn gymaint felly, nes ei bod yn anodd ffarwelio. Eto, ffarwelio fu raid, ymadael, a hwylio'n ôl. Ac yn wir, yr oeddwn i'n craffu eto fyth oddi ar y dec, ond y tro hwn, craffu gwahanol; y craffu taer am weld porthladd Caergybi yn dod yn nes ac yn nes ac yn nes. Yr oedd cyrraedd at borthladd Dun Laoghaire yn gyffro reit arbennig, ond yr oedd cyrraedd at borthladd Caergybi yn gyffro o fath cwbl wahanol. Hwn oedd porthladd fy ngwlad i fy hun. Hwn oedd y porthladd a'm dygai adref.

Ddau haf neu dri yn ôl, aeth pump ohonom ni am wyliau i'r Eidal. Ond cyn cychwyn, yr oeddem ni'n cwrdd o bryd i'w gilydd i drafod papurau a dogfennau'r daith, i astudio mapiau, gofalu am basport a chyfnewid arian tramor a phethau o'r fath. Un noson, â'r gwyliau ond pythefnos i ffwrdd, wrth inni ramantu'n huawdl am y dinasoedd dieithr y byddem ni'n eu gweld, yn sydyn hollol torrodd Pegi ar draws llwybr y sgwrs, a gofyn: "Ar ba ddyddiad y byddwn ni'n dod adre?" Trodd Gwyneth ati'n chwareus, a'i hateb, "Paid â sôn am ddod adre, Pegi! 'Dydan ni ddim wedi *cychwyn* eto!"

"Na," atebodd Pegi, "mi wn i hynny. Rydw i'n edrych ymlaen at fynd yn anghyffredin iawn. Ond i mi, y rhan orau o'r gwyliau bob tro ydi cyrraedd adre."

Wedi meddwl, yr oedd Pegi yn llefaru calon y gwir. Ar ôl yr holl firi sydd ynghlwm wrth baratoi at fynd i ffwrdd, wedi'r holl hwyl sydd i'w gael ar ddaear dramor, eto nid oes un dim i'w gymharu â'r profiad hwnnw o gyrraedd adre'n ôl.

Nid brawddeg gŵr penwan yw honno sy'n agor y pennill: *I mewn i'r porthladd tawel, clyd . . .* Ond profiad un, wedi'r holl forio i gyd, sy'n gwybod peth mor fendigedig yw tynnu i mewn i'r hafan ddymunol. Ac nid diystyr chwaith yw'r dymuniad—'*Bon Voyage!*'

I'r Mynydd

Er bod y 'drefn' o gloi'r dyfodol dan len yn un o fendithion mwyaf bywyd, fel na wyddom ni ddim beth a ddigwydd yfory, eto mae'n rhaid addef bod yna ryw ysfa ryfedd ynom ni am gael cip i'r anwybod. Dyna'r babell honno ar faes ffair lle mae'r sipsi wrth syllu i'r belen wydr yn mynegi beth a ddaw. A phan fo Modryb Siân draw i de, mae hi'n mynnu astudio'r dail yng ngwaelod y cwpan i draethu ffortiwn pawb o gylch y bwrdd. Anti Dora, wedyn, yn craffu'n hir ar gledr llaw gan ddarogan lwc llinellau'r croen. Ac er i ni fynnu na chredwn ddim o'r fath bethau, eto ar brydiau, fe'n cornelir yn bur dynn gan chwilfrydedd taer yr 'ys gwn i'.

Dyna'r golofn mewn papur newydd yn rhoi cynnig ar rag-ddweud ein rhan am yr wythnos sy'n dod, a ninnau er ein gwaethaf yn methu'n lân a pheidio â darllen o dan Capricorn neu Taurus neu Gemini neu Virgo! Beth yw hynny ond ymgais ysgafn i weld heibio'r tro? Ond ni waeth heb, ddim. Drwy'r drugaredd fawr, y mae pob yfory wedi'i gadw rhagom ni. Yn enw'r rheswm, onid yw'r dydd heddiw, rŵan hyn, y foment hon, yn gymaint ag y medrwn ei ddal? Onid yn fwy weithiau? Y drefn yw un cam ar y tro. Trefn ddoeth, a threfn ymarferol. Wedi'r cyfan, os yw dyn am gerdded, boed un filltir neu gant, ni all wneud hynny ond fesul cam. *'Un cam sy ddigon im'*, meddai Newman. Roedd Williams, Pantycelyn, yn gweld un cam yn llawn gormod, gan nad oedd dyn yn rhyw abl iawn i droedio *hanner* un cyn methu!

Ni cherdda i'n gywir hanner cam
Oni byddi Di o'm blaen.

Dyna fyrdwn mawr cyngor ei feistr: *Peidiwch felly â phryderu am yfory, oherwydd bydd gan yfory ei bryder ei hun. Digon i'r diwrnod ei drafferth ei hun.*

Petaem ninnau ond yn gwybod beth oedd o'n blaenau y noson honno! Hwyr o haf oerllyd yng Ngorffennaf oedd hi, ninnau gyda chriw nwyfus ifanc ar fwriad o ddringo'r Wyddfa dros nos. Eisoes, fel yr oedd niwl a gwyll yn mantellu dros y wlad gan fygwth glaw, rhyw dybio'r oeddwn i, ar ôl cerdded dwy filltir neu dair o Nant Gwynant at odreon y mynyddoedd mawr, y byddai pawb yn gweld drosto'i hunan bod y fenter yn amhosibl. A chyfadde'r gwir, doedd dim siâp dringo mynydd ar neb o'r criw; dillad haf teneuon ac esgidiau ysgeifn o deulu sandalau, heb becyn o unrhyw ddarpariaeth ar wegil neb!

Fodd bynnag, ymlaen yr oeddem ni'n mynd, yn fintai ddifyr, siaradus; oedi munud wrth Garreg Gladstone, gyda'r Aran ar un ochr, a'r Graig Ddu ar y llall. Erbyn unarddeg yr oeddem wedi cyrraedd y llethr hwnnw lle mae cerdded yn darfod a dringo'n dechrau. Rywle i fyny yn y caddug ar y dde yr oedd clogwyni enbyd y Lliwedd, a thua'r chwith, Llwybr Watkin. Gan ei bod yn dywyll, bellach, a'r niwl yn drwch amdanom, y peth call, bid siŵr, fyddai troi yn ôl tuag adref. Ond nid oedd neb o'n plith am ystyried y rhyfyg yn ei wyneb, llai fyth ildio.

Gan hynny, tua thywyllwch peryglus a chreigiau sythion Llwybr Watkin â ni, bump ar hugain ohonom, y naill yn dilyn sawdl y llall, neu, a bod yn gwbl fanwl, y naill yn dilyn sŵn y llall. Roedd y dringo'n mynd yn galetach fesul cam, y glaw'n diferu'n flin o'r caddug, a ninnau heb ddim ond crysau dros ein crwyn. Yn araf bach, roedd y sgwrsio a'r chwerthin llawen yn dechrau darfod, a chyn bo hir, nid oedd un dim i'w glywed ond tuchanau ac anadlu trwm a chyson, gyda thraed yn crensian ar sgri ac yn llithro ar graig. A dweud y gwir, nid dringo'r mynydd yr oeddem erbyn hyn, ond crafangu ar ein boliau, a phlannu bysedd i unrhyw agen dywyll a ddaliai fachiad; lled-orwedd ar greigiau a llusgo drostyn nhw fel malwod yn y tywyllwch gwlyb. Weithiau, ar ganol yr ymlafnio llafurus, fe ddôi bloedd ogleddol gan rywun oedd ychydig yn uwch ar y blaen: "Carrag!" Arwydd i bawb swatio'n fflat ar y graig wrth glywed y garreg yn trybedian i lawr, a'i sŵn yn toddi ymhell yn y gwaelodion du.

Erbyn hyn, roedd pawb yn gwybod yn ddistaw nad jôc oedd y noson hon bellach. Dygnu ar y dasg anturus, ac arswydo rhag ofn i rywun lithro a thynnu un arall i'w ganlyn. Cael ias o banig wrth feddwl ei bod hi'n rhy hwyr i droi'n ôl, ac eto'n gwbwl ryfygus i ddal ymlaen. Ond yr oedd y dewis ynfyd wedi'i wneud ers awr a dwy yn ôl, a ninnau wedi cyrraedd y llecyn annychwel hwnnw sy'n perthyn i fater dringo fel nad oedd dim amdani ond dal ati, a doed beth a ddelai mwyach.

Un o'r gloch y bore, bellach, y niwl a'r nos a'r glaw mân wedi llwyr ordoi Eryri fawr, gyda'r bustachu yn y tawelwch mynyddig y gymysgfa ryfeddaf o arswyd a sialens. Meddwl yn ddifrifol tybed a ddoem ni o'r antur ffôl yn saff? Beth a wnaem ni pe bai rhywun yn syrthio a thorri coes neu fraich? Neu gael dolur dwys i'r pen? Beth pe bai rhywun yn llithro dros yr ymyl? Sut fyth y gallem ni fynd yn ôl a thorri'r ffasiwn newydd? Dduw mawr! Gwarchod dros eu cyrff ifanc nhw.

Ac felly, o funud i funud ac o gam i gam yr âi'r nos enbyd rhagddi. Yna, daeth llais o'r caddug uwchben: "Fedra i fynd ddim uwch!" Ac wedyn, llais arall yn ategu'r un neges: "Na finna!" Gyda hynny, wrth i mi grafangu dros ymyl craig a chael traed ar lecyn gwastad, canfod na fedrwn innau chwaith fynd dim uwch. Dim ond un esboniad,—nid oedd ychwaneg o fynydd i'w ddringo! Roeddem ni wedi cyrraedd y grib eithaf. Fesul un, gan bwyll mawr, fe gyrhaeddodd pawb gopa'r Wyddfa dywyll. A chyrraedd yn gyfan. Wn i ddim pam, ond yr oedd y mynydd wedi maddau i giang o ffyliaid a dorrodd bob rheol ym myd dringo.

Dyna lle'r oeddem ni, am ddau o'r gloch y bore yn haid chwyslyd, a'r niwl yn chwyrlïo'n llaith o'n cylch; yno heb na chôt na bwyd na diod na golau. Heb un dim oll. Ac yna, wedi poethder ymdrech y dringo hir, dyma ddechrau teimlo'r oerfel sydd ar ben pob mynydd, ac wrth aros yn ein hunfan heb na bwyd na chysgod na thân, roedd yr oerfel anhrugarog yn ein fferru'n gynyddol fesul eiliad. Yn sydyn o'r tywyllwch, dyma gryndod llais bach yn gofyn: "Sut awn ni adra?" (O ystyried, wedi pob crwydro ffôl, onid dyna'r cwestiwn oesol?)

Un peth pendant oedd na fedrai neb ohonom ni ryfygu mynd tuag adre'r un ffordd ag y daethom. Dim ond i un golli'i afael ar oriwaered Llwybr Watkin, ac fe allai dynnu ugain arall i lawr i'w ganlyn. Prun, felly, oedd ffordd y waredigaeth? Gallai Pen-y-pas fod yr un mor beryglus trwy'r niwl hwnnw. Gallai Llwybr Rhyd-ddu hefyd fod yn ormod, yn enwedig o gofio bod llecyn yno ar y Bwlch Main nad yw fawr lletach na llathen o lwybr, ac o'i ddau du y mae cwymp unionsyth am gannoedd o lathenni. Felly, i ble'r âi'r fintai ohonom, yn cyflym gyffio yn ei hunfan mewn oerfel oedd yn blingo fel hyn? Roedd yn rhaid penderfynu heb golli amser.

Ac yn sydyn, dyma gofio am drên bach yr Wyddfa . . . Yn niwedd y ganrif cyn hon, fe fu cwmni o weithwyr wrthi'n gosod rheiliau yr holl ffordd o Lanberis i gopa'r Wyddfa. Fe gostiodd filoedd iddyn nhw gyflawni'r gwaith, ac ar ddydd Llun y Pasg ym 1896 wrth i'r trên bach ddringo tua'r trum ar y daith gyntaf i'r cyhoedd, fe gododd oddi ar y rheiliau a thrybedian dros y dibyn yn gandryll gan anafu rhai, a bod yn angau i un gŵr. Wedi'r gyflafan enbyd honno, fe aed ati i wario arian a llafur mawr i osod bachau ar y rheiliau fel na byddai'n bosibl i'r trên dorri'n rhydd mwyach.

Ar nos ein hantur ninnau, wrth gofio am lwybr y trên bach, dyma ffaglu'n un rhes drefnus rhwng y ddwy rêl gan gychwyn ar y daith bum milltir o gerdded i lawr am Lanberis. Gyda'r niwl o hyd yn fwgwd amdanom, coed a metel y rheilffordd yn wlybion a llithrig, y rêl yn serth iawn mewn mannau, roedd hi'n dreth ddifrifol wrth i fysedd traed daro'r cledrau'r lein gam ar ôl cam, a gronynnau miniog o fân gerrig a sundars yn bwrw i mewn i esgidiau. Ond am dri o'r gloch y bore, yn annisgwyl o sydyn, dyma gerdded allan yn glir o'r niwl melltigaid, a gweld yno bod y nos yn dechrau cilio a'r wawr yn torri.

Roedd y profiad fel genedigaeth. A'r effaith ar bawb fel tasgiad adrenalin. Cyflymodd pob cerddetwr blin ei gam, ambell un yn dechrau rhedeg, a chân y llall yn taro ar awyr gynnar y bore nes bod eco'r lleisiau ifainc yn atseinio'n llawen o graig i gwm. Er bod ein traed ni'n ddrylliau a'n cyrff yn newynog, profiad hapus-ddiogel oedd cyrraedd ffordd darmac Llanberis gyda'r wawr. A chyrraedd yn fyw ac yn iach. Nid peth diystyr o gwbwl yw sôn am 'gân y gwaredigion'.

Erbyn saith o'r gloch y bore Sul hwnnw yr oeddem ni'n cyrraedd adre'n ôl, ac yn y drws yn ein disgwyl yn boenus iawn ei gwedd yr oedd brenhines yr aelwyd, yn wraig a mam, druan fach, wedi bod ar ei thraed drwy'r hirnos yn dychmygu damweiniau ac angheuon ysigol. Wrth esbonio iddi nad oedd teleffon ar y talgrib, ac ail fyw'r peryglon rhwth y buom drwyddyn nhw, ynghŷd â'r drugaredd a'n cadwodd yn fyw, fe gaed croeso na fu'r fath beth. Y croeso hwnnw sy'n aros crwydriaid afradlon gartre gyda'r wawr.

Y mae'r stori yna, sy'n wir bob gair, yn batrwm o hanes dyn drwy'r oesoedd. Sawl gwaith y bu iddo gychwyn ar antur hollol ryfygus, mentro pethau llwyr ynfyd, gwneud pethau cwbl ffôl, gwyro ar aswy a de, colli'r ffordd, a'i beryglu'i hunan heb sôn am beryglu eraill ar ben hynny? Ac yna, wedi gwneud alanas alaethus o bethau a gweld ei fod ar ddarfod amdano, y mae'n gofyn yr hen, hen gwestiwn: sut yr awn ni adre? Dyna, yn wir, gwestiwn y cenhedloedd heddiw, yn ogystal â chwestiwn y gwleidyddion: sut yr awn ni adre? Dyna gwestiwn sawl truan sydd wedi'i ddwys ddolurio ar y daith. Dyna, efallai, eich cwestiwn chi, a'm cwestiwn innau: sut yr awn ni adre?

Y mae yna Fynydd arall, ac fe godwyd rheiliau ar y mynydd hwnnw hefyd. Canllawiau ydyn nhw i drio cadw dyn rhag mynd oddi ar ei lwybr, canllawiau gras ein Harglwydd Iesu Grist. Ar Galfaria fe gostiodd yn ddrud iddo godi'r rheini; fe gafodd ei frifo mor ofnadwy nes ei ladd ar y mynydd y pnawn hwnnw. Ond y mae'n dal i gerdded y llethrau, yn pwyntio at ffordd y waredigaeth a'n cymell i ffeindio canllaw'r Efengyl, a mentro fesul cam,—ac y mae un cam ar y tro yn llawn digon.

Dyna oedd profiad John Henry Newman yn y ganrif ddiwethaf. I'r ficer hwnnw a'i cafodd ei hunan mewn gwyll eneidiol enbydus, ymhell oddi cartref, a'r nos yn ddu, fe gydiodd fel gelen mewn dwygred: nad oedd rithyn o bwys beth oedd draw ym mhellteroedd cordeddog yr afagddu gan fod un cam ar y tro yn ddiogel ddigon: *one step enough for me*. (Digon i'r diwrnod . . .') Yn ogystal â hynny, gwyddai fod y 'Goleuni Mwyn' i'w gael rywle yn nhwllwch tewa'r nos, ac ym mhennill olaf *Lead Kindly Light,* y mae gorfoledd Newman a chyfieithiad John Morris-Jones yn orchestol olau, gyda'r neges yn echelu'n esmwyth ar bendantrwydd y gair 'Diau'. Ac unwaith y cyffyrddir â'r gair 'Diau' bendigaid hwnnw, y mae'r daith yn trylamu rhagddi dros waun a rhos a chraig a chenlli nes o'r diwedd gyrraedd adref i gesail cariad.

Diau dy allu, a'm bendithion cyd
    A'm harwain i
Dros waun a rhos, dros graig a chenlli, hyd
    Pan wawrio hi,
A'r engyl gyda'r wawr yn gwenu fo,
A gerais er ys talm, a gollais dro.

Ac felly o hyd ar lwybrau tywyll y mynydd y pefria gobaith yn ganllaw i grwydryn blinedig gyrraedd adre gyda'r wawr, boed garidym, boed gardinal.

I'r Awyr

Fe ddaw'r un iasau difyr yn ddi-ffael wrth deithio trwy'r awyr; ymdeimlo â nerth dirfawr y peiriannau, y dieithrwch annherfynol sy'n y gwagle, y golygfeydd sydd isod ac uchod. Craffu'n chwilfrydig trwy'r ffenestri crynion, rhyfeddu fel plentyn, ac ebychu: Dacw'r Mont Blanc i lawr yn fanna! . . . Dacw Lyn Genefa ar y chwith! . . . Dacw hi, dinas Milan! Ond pan fo'r teithiwr mawr o Bantycelyn ar ei adain, y rhain yw'r rhyfeddodau:

> Dacw'r ardal, dacw'r hafan,
> Dacw'r nefol hyfryd wlad;
> Dacw'r llwybyr pur yn amlwg
> 'Rawron tua thŷ fy nhad.

Mor fendigedig yw'r ansoddair 'pur' yna! Nyni, yn y fan hyn ar lawr daear sy'n creu llygredd, gyda thawch a niwl o'r ffatrioedd, nwyon ac ymbelydredd o'r bomiau, a mwg a charthion o'r cerbydau. Ond i fyny fry ym mro'r uchelion y mae gwlad y pethau golau, a byd y pethau glân. Yno y mae'r 'llwybr pur yn amlwg'. Ac wrth yrru ymlaen y mae William Williams yn dyheu am i'r awyren gyrraedd trigfannau'r Cariad Mawr:

> Y mae hiraeth ar fy nghalon
> Am fod heddiw draw yn nhref,
> Gyda myrdd sy'n canu'r anthem,
> Anthem cariad, "Iddo Ef".

Eto, wrth ddweud pethau fel yna, onid yw'r myfyrdod yn troi yn rhywbeth arallfydol iawn, iawn? Yn wir, y mae felly. A pham lai? Onid peth sy'n mynd â dyn i fyd arall yw teithio trwy'r awyr? O ran hynny, onid yw'r awyr yn rhan o'r ddaear hon,—neu os mynnir troi'r peth o chwith, onid yw'r ddaear hon yn rhan o'r awyr? Un peth sy'n siŵr, pe bai'r awyr yn peidio â bod, fe beidiai'r ddaear hon â bod hefyd.

Pe dywedwn i ei bod hi'n hawdd i ni fynd yn bobol rhy 'ddaearol', mi fyddwn ar yr un gwynt yn brysio i ddweud mai daear hyfryd ryfeddol yw hon. Daear lle mae llawer o gysur i'w gael ynddi, swm o firi a chryn sbort. Difyr iawn, iawn yw iechyd a nerth corff a synnwyr, ac amheuthun yw arian a moethau a phleserau'r byd hwn. Hir y parhaont! Rwy'n cofio'r Parchedig Ddoctor William Morris Jones, Llansanffraid, yn pregethu mewn sasiwn yng Nghricieth un tro, ef erbyn hynny'n henwr esgyrnog, croenwelw. Ond dyma un sylw sy'n aros:

"Rŵan bobol! Peidiwch chi â lladd ar y ddaear yma. Daear ddifyr anghyffredin ydi hon. Wyddoch chi be? Rydw i wrth fy modd yma. Ac mi ddweda i fwy wrthych chi: y peth dwytha wna i efo'r hen ddaear yma fydd ei gadael hi!''

Chwerthin a ddarfu'r gynulleidfa o glywed sylw'r hen frawd. Ond yr oedd y pregethwr yn hollol iawn. Nid yw unrhyw grefyddwr crwn, iach, erioed wedi dilorni'r ddaear hon, ond yn hytrach uno'n llawen â'r pregethwr arall hwnnw o salmydd:

"Arglwydd, ein Iôr ni, mor ardderchog yw dy enw ar yr holl ddaear!'' A lle bo'r eglwys yn rhoi argraff mai peth i'w wrthod yw difyrrwch byw a bod, yna mae'n methu'n gwtrin yn rhywle.

Wrth gwrs, y mae gan rai ddadl bendant o'r ochr arall, sef mynnu mai'r ddaear yw popeth, ac nad oes dim oll o werth yn unman ond o'r byd hwn a'i oludoedd. A phan fo'r eglwys yn hawlio'n groes i hynny gan godi'i llais ar brydiau yn erbyn materoliaeth ronc, fe ddaw'r adwaith yn syth gyda'r cyhuddiad: 'Twt! Twt! Pethau arallfydol ydych chi'r crefyddwyr yma. Rydych chi'n rhy gyfyng o ddim rheswm. Yn gul, heb ddim gorwelion.'

Yn y fan yna, rywle gyda dadl y 'cul' a'r diffyg 'gorwelion' y mae'r bydol yn mynd i gaeth-gyfle. Honiad y crefyddwr yw ei bod yn lles i ddyn esgyn i lefelau'r ysbrydol; mynd i'r 'awyr', fel petai, am ei fod o'r fan honno'n cael golwg wahanol ar bethau, onid yn wir, yn ffeindio ffordd newydd o ddelio â phroblemau, ac efallai yn y man, eu setlo hefyd. Wrth ateb yn ôl, fe daera'r bydol ei bod yn amhosibl i ddyn esgyn yr un fodfedd yn uwch na chnawd a natur, a chig a gwaed,—mai pridd y ddaear yw'r creadur wedi'r cyfan.

A chyfadde'r gwir, roedd yn anodd gen innau, un bore, gredu y codai'r awyren *Dan-Air* honno o Faes Awyr Ringway, Manceinion. Dyna lle'r oedd hi ar y rhodfa, yn bladres fawr drom, lond ei chroen, ei pheiriannau'n dunelli solet o fetel, heb sôn am bwysau arswydus y petrol (neu'r *kerosene*); ar ben hynny wedyn, pwysau cant ag ugain o deithwyr, ynghŷd â phaciau'r rheini. Pe bawn i'n taflu dim ond fy mhasport i'r awyr, fe ddisgynnai'n fflat ar lawr concrit maes Ringway. Felly, sut fyth fythoedd yr oedd yr awyren *Dan-Air* hon am godi? Ni allaf ddweud ond un peth: codi a wnaeth hi! A'n codi ninnau gyda hi i'r uchelderau maith. A hynny am i ryw bobol, ryw dro, fod wedi dyfal astudio maes 'aerodynamics', a deall, ond iddyn nhw ddysgu rhai rheolau am awyr a gwynt, a'u parchu'n fanwl, y gellid yn llythrennol godi pwysau cwbl anhygoel i entrych nef. Ac nid codi'r pwysau'n unig, ond ei gludo'n esmwyth am filoedd o filltiroedd.

Yn yr union weithred yna o esgyn, y mae profiadau newydd sbon yn rhwym o ddigwydd. Mi gofiaf fod ar Faes Awyr Orly, y tu allan i Baris, ar hen fore niwlog, tywyll, di-liw. Cerdded i mewn i awyren Caravelle, honno'n chwyrnellu trwy'r glaw mân ar hyd y concrit nes codi'n araf i ganol y niwl gan ddringo a dringo a dringo. Yna'n fwyaf sydyn, roeddem ni mewn haul gwyn llachar, gyda'r niwl, oedd yn beth mor ddigalon dri munud yn ôl, yn ddim ond bencyn di-sylw o gymylau uwch ben Paris. Ninnau bellach, mewn byd o awyr las odidog, yn gwibio ar hyd 'y llwybyr pur', a'r nefoedd, mae'n siŵr gen i, 'yn datgan gogoniant Duw, a'r ffurfafen yn mynegi gwaith ei ddwylo ef'. Y bore hwnnw y rhyfeddais innau o newydd at synnwyr ysbrydol yr emynwyr, gydag Islwyn yn enghraifft:

> Gwêl *uwchlaw* cymylau amser
>   O! fy enaid, gwêl y tir
> Lle mae'r awel fyth yn dyner,
>   Lle mae'r wybren fyth yn glir.

Neu Ddafydd Wiliam, Llandeilo Fach:

> O! Arglwydd, dyro awel,
>   A honno'n awel gref,
> I godi f'ysbryd egwan
>   O'r ddaear hyd y nef.

Mae'n rhaid bod greddf yr emynwyr wedi eu tywys at y wers gysurlon honno nad oes raid i ddyn fyw o ddydd i ddydd o dan drymder digalon y niwl. Wrth gwrs, y mae bywyd ar ambell adeg yn gallu bod yn hunllef drymllyd a gormesol; ni waeth i ble bo'r dyn, druan, yn troi, 'wêl o ddim llygedyn o gysur na goleuni. O edrych yn ôl, fe gofia'r helynt sy'n y gwaith, gyda'r sôn bod y ffatri am gau; o edrych ymlaen, fe wêl bryderon biliau ac ofnau dyledion. Mae'n edrych i'r aswy, ac yno y mae'n llercian arswyd dedfryd y clinic wedi archwiliad y pelydr-X, a olyga fynd i'r ysbyty efallai. Mae'n edrych i'r dde, ac yno mae helynt y plant,—priodas Meri'r ferch mewn perygl, a thybed beth ddaw o Dafydd, y mab, efo'r Llys y mis nesaf? Ni waeth i ble mae'r enaid trwblus yn troi, mae niwl ac anobaith yn cau o bob un cyfeiriad.

Wrth ymgorddi yng nghanol caddug y problemau mae'r niwl fel petai'n tewychu, gyda demoniaid yn ymffurfio o'i darth nes bod dyn yn troi'n sypyn o ofnau ac o chwerwedd. O'i hir gystwyo a'i rwygo fel hyn, mae'n mynd i deimlo mor ddifrifol o anhapus nes i'w gyflwr droi'n fwyfwy gorffwyll.

O ble daw ymwared i blant gofidiau sy'n cael bywyd yn gymaint o artaith? Oes ffordd arall o edrych ar fywyd a'i flinderau? Mae'n rhaid bod. Mae'n rhaid bod, o gofio cael fy nysgu ar draws y blynyddoedd gan nifer o eneidiau dethol yma a thraw; pobol oedd y rheini a gafodd hirboen corff ac ingoedd enaid a fyddai'n ddigon i ddifodi truan fel fy hunan, mae'n siŵr gen i. Ond mi welais y rhain yn llwyddo i ddringo ac esgyn y tu hwnt i'r grymoedd duon sy'n llethu. Cyn belled ag y medra i ddirnad, y mae gan ddyn un o ddau ddewis: un ai cael ei wasgu i'r ddaear o dan bwysau'r helynt, neu gael ei godi'n wyrthiol uwchlaw'r cyfan.

Rydym ni'n gweld rhyw bethau yng nghefn y tŷ trwy ffenestr y pantri. Ond o ddringo'r grisiau, ac edrych ar yr un pethau'n union trwy ffenestr y llofft, mae'r olygfa'n edrych yn bur wahanol. Gyda dim ond hynny o ddringo! O aros ar lefel y broblem, mae'r sefyllfa'n llethol, ond un waith y dring dyn uwch ei phen, mae'n cael golwg arall arni, ac ar ddelio â hi, siawns.

Y Ferch

Pwy fu'n golchi'r dillad acw fore ddoe? Pwy oedd yn smwddio yn hwyr neithiwr? Pwy oedd y cyntaf i lawr yn y gegin heddiw? Pwy a baratôdd frecwast i'r teulu? Ar naw cynnig o bob deg y mae'n bur debyg mai'r ateb yw y wraig, neu'r fam, neu'r ferch, neu fodryb neu chwaer.

Yr un un yw'r drefn ym myd natur y tu allan hefyd; y ddafad sydd efo'r oen, y gaseg efo'r cyw, y fuwch efo'r llo, a'r iâr efo'r cywion. Yn ôl dwfn arfer yr oesoedd, neu ddirgel drefn y cread, y mae'n ymddangos mai ar y fenyw y mae'r dibynnu gwastadol; gyda phob creadur, gan gynnwys dyn (dyn yn anad neb, efallai) yn pwyso'n ddwys ar elfen y fam, yr elfen honno sy'n gwasanaethu a gweini a noddi ac anwesu. Am y tad, y mae ef fel rheol allan yn llafurio. Ond y tro creulon yn y sefyllfa yw mai dyn sy'n cael y lle amlwg. Am wrhydri dyn—nid merched—y rhoddir clod.

O ran chwilfrydedd noeth, fe gymrais gip sydyn trwy lyfr o hanes enwogion y byd gan ddarllen rhesi o enwau fel hyn: Socrates, Michelangelo, John Hus, John Milton, Captain Cook, Rembrandt, Livingstone, Darwin, Marconi, ac ymlaen fel yna gyda hanesion cant o mwy o enwogion. Ond trwy'r llyfr i gyd ni enwyd ond pedair merch. Yn hyn o beth, nid yw'r Beibl hyd yn oed, fawr iawn gwell, os o gwbl. Y mae ynddo sôn cyson a phorthiannus am Abraham, Moses, Joseff, Dafydd, Samson, Eleias, Jeremeia, Daniel,—dynion bob un. A phan geir yn y Beibl sôn am ferched, os teg yr argraff, yna mae'r sôn hwnnw yn eu dangos yn rhai gwyllt gynddeiriog,—Dalila, Jesebel, Magdalen, Saffira a'u tebyg. Yn wir, pan fo eglwysi Cred yn dethol eu mawrion o'r Testament Newydd, dynion sy'n cael y clod mynychaf ganddynt hwythau hefyd: y Pedwar Efengylwr, y Deuddeg Disgybl, yr Apostolion a'r Tadau Santaidd.

Ond gyda Iesu Grist, fe welir iddo ef daflu'r syniad israddol hwn am ferch yn glir dros y bwrdd. Pan gofir bod rheol ym Mhum Llyfr Moses nad oedd dynes i sefyll ddim nes at rabbi na naw troedfedd, ystyriwch y profiad a gafodd y wraig o Samaria wrth sgwrsio'n hir, galon wrth galon, gyda'r Gŵr wrth Ffynnon Jacob; y fath awr benfeddwol o gael bod mor agos at Hwn, o bawb. Ac fe ofalodd y Gŵr hwnnw gynnwys merched fel rhan gwbl naturiol o'i ddamhegion,—dameg y Weddw

55

Daer, a'r Deng Morwyn. Cafodd gwragedd le yng nghyffro'i wyrthiau yn ogystal,—merch Jairus, y wraig a'r diferlif gwaed, a merch y wraig o Ganan. A beth am y modd y bu iddo sefyll yn gyhoeddus ar ran yr eneth honno a ddaliwyd mewn godineb, a'i harbed rhag cael ei phledu gyda cherrig? O ganlyniad, nid yw'n syndod yn y byd sylwi gymaint oedd tynfa'r merched at y saer o Nasareth. Ar aelwyd Bethania, croeso Mair a Martha; ar ffordd Calfaria, dagrau gwragedd Jerwsalem; wrth bren y Groes *'yr oedd ei fam ef, a chwaer ei fam ef'*.

A phwy a welodd y Crist byw wedi'r Groes? Pedr, bid siŵr. Y ddau ar ffordd Emaus hefyd. Yr apostolion, wrth gwrs. A Saul o Tarsus, yn ddiamau. Ond, meddai'r adnod: 'yn *gyntaf* fe ymddangosodd i Mair Magdalen, ac yn ail i'r gwragedd'. Ac y mae'n rhaid bod Iesu, hyd heddiw, yn ymddangos mewn rhyw ffordd i ferched y byd. Sawl Cymdeithas Chwiorydd sydd? Sawl cenhades ymroddgar? Sawl lleian wylaidd welw? Mewn difri, sut drefn a fyddai ar yr eglwysi bellach oni bai am ymroddiad ffyddlon merched?

Tybed, pe bai'r Amhlerifynol Fod yn Dduwies (nid yn Dduw), a'r Ymgnawdoliad mewn benyw (ac nid mewn gwryw) y byddai addoliad gwŷr yn fwy angerddol? Prun bynnag, nid meddalwch ar ran dynion yng nghegin y bore fyddai cydnabod cariad merch a gwraig a mam, a bendithio'r gofal benywaidd hwnnw sydd wrthi'n gwarchod a nyrsio a thendio ar hyd y blynyddoedd.

Wn i ddim pwy a ddywedodd—*Pan aeth Duw yn brin o angylion, fe ddechreuodd greu mamau*. Ond yr oedd yn ddi-fai cynnig.

Cracio Rhufain

Rydw i wedi gadael fy mrws dannedd ar ôl yn Rhufain. Wrth y tap dŵr oer y mae o, yn ystafell 106 Hotel Marco Polo, Via Paolo,—wel, yn y fan honno y gwnes i ei adael o, beth bynnag, wrth bacio cyn troi tuag adre. Wela i mo'r brws dannedd hwnnw byth eto, reit siŵr!

Wrth grwydro yma a thraw yng nghwrs y blynyddoedd rydw i wedi llwyddo i gludo fy mhethau yn weddol deidi, ar wahân i dro neu ddau lle bûm i'n flêr: gadael rasal ar ôl yn Iwerddon, a sgarff mewn neuadd yn Crewe. A'r brws dannedd hwnnw sydd yn Rhufain. Ond mi fyddai'n gywilydd trafod peth mor ddibwys â hynny, a ninnau wedi syllu ar ryfeddodau maith y Rhufeiniaid.

Dyna'r Fatican gerllaw afon werddlas Tiber, ac eglwys gastellog Sant Pedr gyda'r sgwâr agored eang, eang fel cwrt iddi, a cherfluniau cwbl syfrdanol o saint ac angylion ac ymerodron a cheffylau. A'r colofnau hynny, bron drichant ohonyn nhw, yn anferthol eu maint ar ddwy ochr y sgwâr fel dwy fraich yr eglwys, meddai rhywun,—dwyfraich gadarn yn ymestyn at y byd mawr i groesawu'r miloedd dirifedi i'r gorlan. Wrth gyrchu tua chapel y Sistine at wyrthiau Michelangelo, fe gerddir ar hyd chwarter milltir o goridor sy'n penfeddwi dyn gan orchestion o ddarluniau a thapestri a mosaic.

Ac am y Colosseum, fe aeth hwnnw â'm gwynt yn lân. Prin y rhoed enw mwy addas ar unpeth erioed; fe ddaw o'r gair Groeg 'kolossos', sy'n golygu 'aruthrol o fawr', gair sydd wedi cadw'i ffurf yn gyfan yn y Saesneg colossal. Ar wahân i'w faint a'i bedwar ugain mynedfa, mae'r amffitheatr hon yn uchel, yn ofnadwy o uchel; adeilad hirgrwn, a'i briddfeini creision, llwytgoch, wedi eu codi gan chwys a gwaed a dagrau caethweision Iddewig.

Gyda gwres y canolddydd dros 90° canradd, yr oedd cerdded i arena ddi-do'r Colosseum fel camu mewn ffwrn dân. Ein harweinydd ni oedd Romolo, stwcyn crwn o Eidalwr, melyngroen, pengrych a fwriodd iddi'n ddramatig i sôn am syrcas greulona'r byd. Dangosodd fel y byddai'r Rhufeiniaid yn heidio i'r arena hon i wylio'r bwystfilod gwylltion yn llamu o'u cewyll a llarpio'r caethweision, gydag esgyrn yn clecian a chnawd yn dolefain. A'r dyrfa'n curo dwylo. Yna, fe ddaeth cyfnod pan ddechreuwyd merthyru o'r math hwn ar y Cristionogion cynnar oedd wedi hidlo i mewn i Rufain, gyda churo dwylo'r Cesar-addolwyr yn fwyfwy brwd. Ni welaf fod enw dichonadwy arall ar y ffau felltigaid hon ond *colossal*. *Colossal* hefyd oedd y creulondeb dieflig.

O'r Colosseum bu inni ddilyn Romolo tua'r Fforwm, yna'r Capitol, ac wedyn am y Catacomb Domitilla,—y beddau rhyfedd hynny lle claddwyd cannoedd o'r Cristionogion cynnar; twneli tywyll, culion, iasoer, y gellid eu tramwy am un milltir ar ddeg ym mherfeddion y ddaear, gyda pherygl gwirioneddol mynd ar goll yn y labrinth.

Wrth grwydro fel hyn o le i le, erbyn y diwedd y mae rhyw un peth yn siŵr o argraffu'n ddyfnach ar ddyn na dim arall. Mi welais rai oedd wedi rhyfeddu at y Stadiwm Olympaidd a godwyd yn eithaf diweddar. Eraill yn syn-graffu ar y balconi lle safai Mussolini wrth annerch yr Eidalwyr adeg y rhyfel diwethaf. A nifer yn dotio'n hir ar *villa* Sophia Loren. Rhan o'r gyfaredd i Doris oedd dyfroedd grisial gerddi Villa D'Este ar bwys Tivoli.

Ond y lle a roes ysgytwad i mi oedd Teml y Pantheon. teml yr holl dduwiau. Arswyd y byd! Nid murddyn yn graddol ymddatod mo'r Pantheon. Gellir dweud am y Colosseum er ei gadarned gynt, mai adfail sydd yno heddiw; ond am y Pantheon, teml y dechreuwyd ei chodi cyn Crist, y mae honno'n dal ar ei thraed ac yn berffaith gyfan. Teml gron o'i llawr i'w muriau nes meinhau mewn entrych o do, a'r cyfan oll yn goncrit cadarn, dychrynllyd o solet. Ac yn y pellter uchel, yn union yng nghanol y to 'rotunda' y mae twll mawr crwn sy'n ddecllath ar draws, heb wydr o gwbl. A'r 'twll' yma, yn agored i'r awyr las, yw'r unig oleuni a ddaw i'r deml ddi-ffenestri. Mae sylweddoli fod y goleuni hwnnw yn llwyr ddigonol yn peri i ddyn bensynnu at athrylith peniog penseiri'r Eidal. Yn y Pantheon roedd y cymysgliw blinedig o felyn a gwyrdd a glas yn hen, hen, gydag aroglau'r cynfyd yn y lle, a'r awyrgylch i gyd yn drwm gan yr hynafiaeth fwyaf dieithr a brofais i erioed, erioed. Hwn oedd yr union fan—y Pantheon, Teml yr Holl Dduwiau—lle'r oedden nhw'n arfer addoli'r dduwies Fenws a'r duw Mawrth; rhwng y muriau cedyrn hyn y cenid anthemau i ddwyfoli'r Cesar gydag ofergoelion yn cael reiat o gymanfa.

Lle safem ni, Awst neu ddau yn ôl, y plygai'r paganiaid cyn

Crist. Ond yna'n dawel a dirybudd, o rywle yng nghilfachau'r honglaid teml hon dyma sŵn organ yn canu *Largo* Handel, a hynny gyda Romolo ar ganol egluro fel yr oedd neges Iesu Grist yn y cyfnod pell yn graddol drechu'r duwiau a'r duwiesau, nes o'r diwedd i ysbryd Cristionogaeth ddatgymalu materoliaeth Rhufain. Roedd y goncwest dawel mor llethol fel y bu iddyn nhw symud allan yr hen allorau paganaidd fesul un ac un . . . a'r Pantheon erbyn heddiw yn eglwys sydd wedi'i chysegru i Fair, mam Iesu Grist.

Sôn am gracio concrit!

    *   *   *   *   *

Roeddem ni'n ymsymud yn gannoedd mewn nifer ar lawr eang y Pantheon, yn bartïon gydag arweinydd yn traethu, bob un wrth ei fintai, a hynny ym mhob rhyw iaith,—Ffrangeg, Sbaeneg, Eidaleg, Saesneg, Almaeneg, a sawl iaith arall nad oedd gennyf un syniad o'u hacenion. Dihidlai'r ymwelwyr i mewn ac allan yn unigol, yn gyplau, yn drioedd, yn finteioedd o bob lliw croen, o bob ffasiwn gwisg, yn cario bagiau a chamerâu a thaclau amrywiol gwyliau.

Erbyn hyn yr oedd miwsig yr organ reiol yn gefndir i'r holl glebran a'r siffrwd traed, ond er ei waethaf yr oedd y mwstwr hwn o ddynoliaeth yn ymdawelu fwyfwy, a nodau Handel bellach yn gryndod angerddol trwy'r lle. Yna, wrth i *Largo* ddod i orffwys ar y cord dwfn olaf, fe ddigwyddodd y peth mwyaf annisgwyl,—annisgwyl mewn eglwys, felly—fe aeth pawb drwy'r adeilad i guro dwylo'n reddfol. Pawb ohonom ni, o bob cenedl ac iaith a chred, yn toddi'n un galon fawr o ddynoliaeth i gyd-ganmol yn y seiat Fabel honno. Profiad rhyfedd.

Yn angerdd od y peth, llithiwyd fi'n ôl fesul canrif, ac wrth bensynnu felly, dyma droi at fy nghyfaill. "Gwrando Ifan," meddwn. "Mi fu'r apostol Paul hwnnw'n pregethu ac yn dadlau yn Rhufain, on'do?" "Do," atebodd Ifan, mewn gwên edmygus o gofio'r hen wron. "Mi fuo Paul mewn carchar yn rhywle yn yr hen ddinas yma. Hon a'i lladdodd, wyddost ti." "Ia, yntê," meddwn innau. "Ond clyw! Wyt ti'n meddwl fod Paul wedi bod i mewn yn y Pantheon yma? A'i fod o wedi sefyll lle'r ydan ni'n dau yn sefyll y munud yma? Ac yn gweld be rydan ni'n ei weld rŵan?"

A rhyw bendroni a dyfalu felly y buom ni'n dau . . .

Wedi dod adre'n ôl i Gymru, dyma droi i Lyfr yr Actau, ac wrth ail godi hanes Paul unwaith eto, gweld yn eglur fod y cenhadwr tanbaid hwnnw wedi hen, hen arfer â tharfu ar baganiaeth mewn llawer teml a llawer gwlad. Yn Effesus, ar ôl iddo ddrysu masnach modelau'r gof arian trwy wneud y dduwies Diana'n ddirym, fe glywyd Paul yn cyhoeddi un bwriad a dymuniad oedd yn llosgi ynddo: 'Rhaid i mi weld Rhufain hefyd'.

Ac fe gafodd. Er i'r teithiwr hwn gael llongddrylliad ar draeth Melita, a nodded gan yr ynyswyr; er iddo wedyn hwylio tua'r Eidal, a chyrraedd pen y daith, rhaid nodi mai fel carcharor y cerddai Paul heibio'r Appii Forum tua'i gell yn Rhufain fawr.

Eto, boed garcharor neu beidio, yn Rhufain fe ddaliodd ar bob cyfle i genhadu a phregethu a dadlau achos Crist. A phryd na byddai allan gyda'i warchotwr ar hyd y strydoedd, fe'i ceid yn ei ystafell yn sgrifennu llythyrau. O ddarllen ei lythyrau at Timotheus (dyma, meddir y peth olaf a sgrifennodd) fe welir, yn wir, fod Paul hefyd with giwydio yma a thraw, yn gadael pethau ar ei ôl: *'Y cochl a adewais i yn Troas gyda Charpus, pan ddelych, dwg gyda thi, a'r llyfrau, —yn enwedig y memrwn'.*

Wrth grwydro'r Eidal, un peth a adewais i ar ôl yn Rhufain,—brws dannedd! Ond wrth grwydro gwlad Twrci, roedd Paul wedi gadael cymaint â thri o bethau ar ei ôl yn ninas Troas: cochl (côt oedd honno), llyfrau (math o ddogfennau oedd y rheini), a'r memrwn. Ond tybed beth oedd hwnnw?

'Timotheus!' meddai Paul yn y llythyr, 'tria ddod draw i'm gweld i cyn y gaeaf. Rydw i'n hen ŵr bellach, wn i ddim a fydda i byw yn hir eto,—amser f'ymddatodiad a nesaodd. Mae'r haf yn yr Eidal yma'n boeth, desog, ond i hen ŵr sy'n llesgáu yn ei gell, fe all y gaeaf fod yn finiog oer. Felly, mi fyddai'n dda iawn cael cynhesrwydd yr hen gôt honno a adewais i ar f'ôl yn nhŷ Carpus yn Troas. Mi weli hefyd fwndeli o bapurau,—rhyw fân-ddogfennau y bûm i'n eu cludo o wlad i wlad ydyn nhw; fe all rhai fod yn bwysig yng ngolwg yr awdurdodau yma. Tyrd â'r rheini hefyd. Ond clyw, Timotheus! Petaet ti'n anghofio'r gôt a'r papurau, gofala'n wir dy fod ti'n dod â'r memrwn'.

Gan fod y memrwn mor bwysig, beth allai hwnnw fod? Yn

sicr, nid papur oedd hwn a wnaed allan o'r *papyrus,* ond croen tenau,—math o *vellum,* efallai; a phan oedd sgrifennu'n digwydd ar femrwn roedd y neges yn un wir bwysfawr. A'r tebygrwydd ydi mai Beibl Paul oedd y 'memrwn' arbennig hwnnw: darn o sgrôl o'r Ysgrythur Iddewig,—a alwn ni heddiw yr Hen Destament. A fyddai'n ormod dychmygu bod gan Paul droedfedd neu ddwy o femrwn y 'Newydd' yn ogystal? Tybed a fu i'w ffrindiau godi rhai o eiriau Iesu o Nasareth, a'u diogelu ar femrwn? Wedi'r cyfan, yr Iesu hwnnw oedd alffa ac omega bywyd yr apostol Paul. Y Crist hwn oedd y deinamic a'i gyrrodd ar draws y gwledydd mewn siwrnai a sialens a sicrwydd cwbl ddigymar. Gan hynny, nid oedd am golli Beibl ei Arglwydd am bris yn y byd.

'Timotheus!' meddai Paul, 'fe fyddai'n reit dda cael y gôt fawr drosta i pan ddaw'r gaeaf yma; efallai y daw'r papurau hynny'n hwylus hefyd. Ond petaet ti'n anghofio'r cwbl, cofia ddod â'r Beibl imi. Rhyw deiliwr a wnaeth y gôt, rhyw glarc a farciodd y dogfennau, ond Duw a sgrifennodd y memrwn. Ac yn y diwedd, does yna un dim fedar roi cysgod i mi yng ngharcharau Rhufain yr un fath â Gair Duw'.

Nid penboethyn yn cyboli mewn ffwndwr oedd yn erfyn yma, ond ymresymwr dygn, dyn galluog, athronydd abl a diwinydd dyfal. Ac os oedd ei feddwl yn glinigol oer, roedd ei enaid yn bair o argyhoeddiadau poethion, a thrwy ei fywyd anhygoel o anturus, aeth y gŵr hwn ati i daeru achos Crist o flaen pob dyn byw, boed Gesar, boed gardotyn, sant neu satan. Fe glywais Gwilym O. yn gosod y peth fel hyn: 'Roedd Paul yn berffaith siŵr fod Iesu o Nasareth wedi codi'i nymbar o!'

Un waith, cyn iddo erioed weld y lle, fe sgrifennodd Paul i Rufain at gymdeithas o bobl gyda'r pendantrwydd aruthrol gadarn hwn:

'Canys y mae yn ddiogel gennyf na all nac angau nac einioes, nac angylion na thywysogaethau, na meddiannau, na phethau presennol na phethau i ddyfod, nac uchder na dyfnder, nac un creadur arall ein gwahanu ni oddi wrth gariad Duw, yr hwn sydd yng Nghrist Iesu, ein Harglwydd.'

Os bu i'r ymerodraeth nerthol honno glywed yr her a'r honiad hwnnw, mae'n bosibl iddi fod wedi gwneud un o ddau beth,—gwenu'n dosturiol neu gilwgu'n gythreulig. Sut bynnag, cyn pen dwy ganrif arall yr oedd Rhufain solet wedi'i chracio i'w seiliau, a'i chwymp ar y map. A 'throsolion y glaswellt' ar waith. Digon addas i ddisgrifio'r chwalfa ryfedd honno fyddai benthyg gair y ddinas ei hun: *colossal!*

Angladd Maria Straboni

Fis Awst diwethaf roeddwn i yng nghynhebrwng Signora Maria Straboni. A phwy oedd Maria Straboni? A dweud y gwir, does gen i ddim syniad. Welais i erioed mo Maria, dim ond gweld y gŵr, druan, gyda'r plant yn torri calon y tu allan i'r eglwys.

Roedd pedwar ohonom ni'n treulio wythnos o wyliau yn yr Eidal mewn lle o'r enw Maiori, sbel i'r de o ddinas Napoli. Un bore heulog, poeth, dyma fynd ar fws i Minori, pentref ar lan y môr gyda bae bychan yn gyrru'i donnau at fin y ffordd fawr; y tai yn codi'n deras ar ôl teras i fyny'r creigiau tal, gyda grawnwin a lemon yn tyfu'n gnydiog ar bob llaw yno.

Y bwriad o dreulio'r dydd ym Minori oedd cerdded llwybrau culion y bryniau i gyfeiriad y wlad. Ar hyd yr arfordir creigiog o Sorrento i lawr trwy Amalfi tua Salerno mae'r drafnidiaeth yn ddychrynllyd, a dadwrdd y peiriannau, yn fysus, lorïau, cerbydau a grwnian miloedd o feiciau yn ddibaid ddydd a nos. A'r diwrnod hwnnw roeddem ni wedi penderfynu cael mymryn o heddwch allan o'r trybestod i gyd, am ei bod yn ffaith eglur fod byw mewn twrw diderfyn yn naddu dyn, gorff ac ysbryd.

Wedi dod i lawr o'r bws Sita ym Minori, croesi'n frysiog ar draws y ffordd stwrllyd, dyma'n cael ein hunain mewn sgwâr o faint gweddol, gyda grisiau llydain o gerrig yn arwain i gyfeiriad eglwys ar y graig. Yr enw ar dalcen brithfelyn yr adeilad oedd BASILICA SANTA TROPHIMENAE: Eglwys y Santes Troffimena,—un brin iawn, iawn y sôn amdani oedd hi, medden nhw.

Yn fwyaf sydyn dyma'r awyr yn duo, a dafnau breision, cynnes yn disgyn ar y palmant gwyn. Am nad oedd gan yr un ohonom ni ddillad glaw dyma gytuno'n reddfol ar gyrchu tua'r eglwys. Wedi cyrraedd pen y grisiau cerrig, gwelem bedair torch-flodau enfawr yn pwyso ar fur yr addoldy o bobtu'r drysau. Torchau angladd oedden nhw, y rhai mwyaf o ddigon a welsom ni erioed, tua chwe throedfedd o uchder, wedi'u gorchuddio â dail palmwydd ynghyd â channoedd o rosynnau a gladioli a blodau eraill oedd yn hollol ddieithr i ni. Wedi'i dynnu'n fwa am wasg y torchau yr oedd rhubanau piws gydag enwau cyfeillion mewn ysgrifen felen, a dyna'r pryd y bu i Eirlys sylwi ar yr enw teuluol—Straboni.

Fel yr oeddem yn dotio at y fath harddwch plethedig a phersawrus dyma'r gawod yn dymchwel, ac i mewn â ni i seintwar Troffimena; yn noddfa'r eglwys ddiarth honno roedd hi'n dawel, dawel, heb ddim i'w glywed ond diferion y cenllif o'r tu allan. Wedi dyddiau o ffwndwr traffic a miri pobol, i ni'n pedwar hwn oedd y diwrnod cyntaf y cawsom lecyn tawel o heddwch i orffwys ynddo fo. Ac ni waeth pa ffordd y troir y peth, fe erys un ffaith yn ddi-gryn trwy'r oesoedd maith: fod eglwys Dduw yn cynnig cyfle i feddyliau blinedig—ac i gyrff blinedig—gael mymryn o orffwys a thangnefedd; a hynny wedi inni fethu â'i ffeindio yn un man arall, mewn na theatr na thraeth na thafarn, mewn na ffair na phrom.

'Yn dy gariad mae ymgeledd,
Yn dy fynwes mae tangnefedd
Wedi holl flinderau'r dydd'.

Yna, o rywle draw rhwng pileri'r eglwys fe ddaeth miwsig organ nerthol i lenwi'r adeilad â hyfrydwch pur. Ac er syndod i ni, erbyn hyn yr oedd rhes o bobol, yn deulu a pherthnasau a chymdogion bid siŵr, yn symud yn araf i lawr yr eil gan ddilyn arch dywyll ei phren. Fe sibrydodd un brawd wrth Islwyn, oedd yn deall Eidaleg, fod y gwasanaeth ar ddechrau,—gwasanaeth angladd Signora Maria Straboni. A bod pob croeso i ni'n pedwar, fel ymwelwyr â'u pentref, aros efo nhw yn yr eglwys ac uno yn y seremoni os oeddem yn dewis felly.

Roeddwn i'n gofidio fwyfwy fy mod i'n methu â dilyn iaith bersain yr offeiriad Eidalaidd, ond y bore hwnnw fodd bynnag fe gaed un iaith yn eglwys Minori oedd yn gyffredin i bawb: iaith galar.

Roedd dwy storm wedi taro'r pentre bach,—y storm law taranau a'n gyrrodd ni, fel twristiaid o Gymry, i'r eglwys, a storm profedigaeth, oedd wedi gyrru teulu Maria Straboni i'r eglwys. Troer hynny eto fel y mynner, onid yw'n wir sawl canwaith fod yr eglwys wedi bod yn gysgod i bobl a gafodd eu dal yn y gawod? *'Canys yn y dydd blin y'm cuddia o fewn ei babell; yn nirgelfa'i babell y'm cuddia; ar graig y'm cyfyd i'.* Hyd ryw ran o'r gwasanaeth, yr unig oleuni yn eglwys Minori oedd nifer o ganhwyllau eiddil o gylch yr allor. Ond pan gyrhaeddwyd man arbennig yn y ddefod, yn sydyn dyma gannoedd o fylbiau yn goleuo o bob nenfwd a chilfach drwy'r basilica. Roedd yr effaith yn syfrdanol, a'r awyrgylch wedi newid yn llwyr; y syrthni tywyll, trymllyd, yn olau hapus fel gwlad tylwyth teg. Yn wir, yr oeddem fel petaem, nid mewn *gwlad* arall, ond mewn *byd* arall, ac yng ngolau pefriog hwnnw roeddem ni'n dechrau dod i weld pethau yn yr addoldy na wyddem eu bod nhw yno cyn hynny.

Beth oedd sumbolaeth y goleuni tybed? Ni fedraf ond dyfalu bod y seremoni yn ymgais i ddangos gallu a fedrai droi'r nos yn ddydd, troi angau'n fywyd, a throi caddug tristwch yn orfoledd claer. Sawl gwaith, yng ngwlad Dewi Sant, y bu i ninnau ganu'r un un neges yn union mewn Cymraeg?

'Os daw deigryn, storm a chwmwl,
 Gwena drwyddynt oll yn llwyr;
Enfys Duw sy'n para' i ddatgan
 Bydd goleuni yn yr hwyr'.

Yn ei flaen yr oedd gwasanaeth angladd Maria Straboni'n mynd. Ond yna, fe ddigwyddodd peth cwbl annisgwyl. Cwbl annisgwyl i ni, beth bynnag. Yng nghanol y llawr dyma ddyn yn codi ar ei draed a phwyntio hyd braich at ddyn arall. A phan gododd hwnnw, dyma'r ddau'n ysgwyd llaw yn gynnes. Dau hen wladwr, syml iawn eu gwisg, heb weld ei gilydd ers misoedd, neu efallai ers blynyddoedd? Wel, felly y cymerais i'r digwydd am y tro. Nes sylweddoli bod un arall ar ei draed, ac un arall wedyn, a'r ddau hynny'n ogystal yn ysgwyd llaw yn frwd. A chyn pen munud arall, roedd pob un drwy'r lle wedi codi, a phawb ym mhob man yn ysgwyd llaw â'i gilydd cyn eistedd unwaith eto, canu emyn, â'i thôn yn ddigon o ryfeddod, ac yna gweddïo.

Ai rhyw hen ddefod gan bobl Minori oedd peth felly? Ynteu ydi hyn yn rhan o'r patrwm gan y math hwn o eglwys? A dweud y gwir, dydi o ddim yn llawer o ots gen i pa eglwys na pha ddefod oedd hi. Roedd y neges yn dod trwodd yn loyw glir: lle bynnag y mae pobol yn cwrdd yn enw'r Arglwydd yn syml eu hysbryd, y mae hynny'n gyfle bendigaid i gymod, on'd ydi? Cyfle arall i ysgwyd llaw nes bod calonnau'n cynhesu'n braf.

I mi, o leiaf, wrth droi i mewn ar ddamwain i angladd Maria Straboni fe gaed bendith bedwarplyg: cael gorffwys mewn tawelwch, cael cysgod rhag y gawod, cael goleuni ar awr dywyll, a chael ysgwyd llaw mewn gwlad ddiarth. Nid yw pedair bendith fel yna ond gweddau gwahanol ar yr Un Peth Mawr—ar Gariad Duw—y Cariad sy'n cofleidio pob cenedl a phob llwyth a phob iaith. Ni waeth i ble'r awn ni, Duw, Cariad yw. Ni waeth ychwaith ym mha le y rhoir Ef,—Duw, Cariad yw.

> Ym mhreseb Bethlem Jwda
>   Duw, Cariad yw;
> Ar fryniau Galilea
>   Duw, Cariad yw;
> Yn rhodio'r tonnau geirwon
>   Duw, Cariad yw;
> Yn galw ei ddisgyblion
>   Duw, Cariad yw.

Aeth Penllyn ati fel yna i osod Iesu mewn gwahanol fannau, a'i gael yr un ym mhob lle; yn chwysu gwaed ei galon, yn marw dan yr hoelion, yn torri rhwymau angau,—ni waeth ym mhle, yr un yw'r byrdwn bob gafael: 'Duw, Cariad yw'.

Wrth ffarwelio â'r Eidal, ac wrth amenu Penllyn, dyma gynnig y pennill hwn ar gwt y gweddill:

> Er crwydro 'mhell o gartre,
>   Duw, Cariad yw;
> Er blino ar y siwrne,
>   Duw, Cariad yw;
> Y galon drom ar dorri—
>   Duw, Cariad yw;
> Ym mhentre bach Minori,
>   Duw, Cariad yw.

Ffrae

Yn ystod y mis diwethaf mi gefais goblyn o ffrae gyda chyfaill i mi. Fe aeth y ddau ohonom fel ceiliogod i yddfau'n gilydd gan ddadlau a phrepian nes bod yr awyr yn wynias. A'r jôc ydi na fydda i byth yn arfer â ffraeo efo neb. Nid bod hynny, hyd y gwn, yn rhinwedd ynof, na dim o'r fath beth. A dweud y gwir, does dim llawer o ddiolch i mi, o achos, yn un peth, dydw i ddim yn hoffi cweryla, nac yn hoffi gweld neb arall yn cweryla chwaith: mae o'n gwneud i'm tu mewn i deimlo'n annifyr, rywsut. Hwyrach fy mod i'n greadur rhy feddal, neu rhy lwfr efallai. O bosibl mai mater o gemistri ydi'r peth.

Ond y diwrnod hwnnw roeddwn i'n cerdded i mewn i dŷ yn llawen ac yn felys f'ysbryd, ac yna'n sydyn ddirybudd hollol, fe ddywedodd y cyfaill hwn rywbeth nad oeddwn i ddim wedi'i ddisgwyl o gwbwl oll. Roedd yr effaith yr un â phetaech chi'n cysgu heb gerpyn o dan haul poethlosg,—ac yna heb unrhyw rybudd, dyma bwcedaid o ddŵr oer am eich pen chi. Yn sioc yr ciliad fe gollais fy limpin yn llwyr ulw. Fel y dywedodd Ifans y Tryc un tro: "Fydda i ddim yn hwnna, hwnna gwylltio, ond mi ges ryw un slac moment . . ." Do! do! Felly'n union y collais i fy nhymer, ac o'r botel emosiynol fe chwythodd y corcyn allan fel bwlet, a dyma fi i'r brawd. Ond y trwbwl mwyaf oedd fy mod i'n gorfod ffraeo yn Saesneg,—a minnau'r sala'n fyw am ffraeo yn Gymraeg i ddechrau! Roeddwn i eisiau dweud wrtho fo am beidio ag edliw, ond yn methu'n lân a chael hyd i'r gair, ac yr oedd "Don't edl!" yn swnio'n gomic i ddyn ar ganol un o'i gwerylon prin, on'd oedd?

Sut bynnag, ar ôl taeru a chega am gryn chwarter awr, dyma ni'n ysgwyd llaw ein dau, ac yna ffarwelio. A dyna hynny drosodd, ac yr ydan ni'n ffrindiau calon hyd heddiw.

Un waith rydw i'n cofio troi heibio i fferm y Parc at Dafydd a Nanw, a chyn pen pum munud roedd y sgwrsio yn y gegin fawr mewn llawn hwyl. Ond yn mynd a dod trwy'r tŷ yr oedd y plant, a'r rheini'n hewian ar ei gilydd ac yn gwylltio fel tinceriaid; peth digon anarferol yn wir, am eu bod yn hen griw bach mwynaidd iawn bob amser.

"Mae hi'n dipyn o ffrwgwd rhwng yr hen blant heddiw, Nanw!" meddwn i.

"Wel ydi, mae hi," atebodd Nanw heb gyffro yn y byd. "Maen nhw'n cael rhyw blycia fel hyn ambell ddiwrnod. Wyddoch chi be?" meddai hi wedyn yn bwyllog-athronyddol, "Mi fydda i'n credu fod plant yn *mwynhau* ffraeo. Mae'n siŵr gen i ei fod o'n rhan o'u datblygiad nhw. Ond cofiwch," ychwanegodd, "mi fyddan yn ffrindia mawr cyn nos."

Sylw doeth mam gytbwys.

Wrth edrych yn ôl, rhaid i mi gyfaddef fy mod innau wedi lled-fwynhau'r ffrae honno'r diwrnod o'r blaen. Yr un fath ag y byddem ni'n teimlo erstalwm ar ôl wyth rownd o focsio, fel petai rhyw egnïon wedi'u carthu allan o'r sustem. Hwyrach y dylai dyn ollwng stêm o'i gyfansoddiad rhyw un waith yn y pedwar amser.

Onid oedd yr Apostol Paul yn odidog ddynol gyda'r dweud hwnnw: *'Os yw bosibl, hyd y mae ynoch, byddwch heddychlon â phob dyn'?* Ar ben hynny, yr oedd Paul yn ddigon o enaid i ychwanegu: *'Na fachluded yr haul ar eich digofaint chwi . . .'* Sef, peidiwch â mynd i'r gwely heb faddau. Ac yna, ar ben y cwbwl, y cyngor hwn: *'Nac ymddielwch, rai annwyl'.*

A dyna'r perygl, yntê? I ni fynd i nyrsio cweryl a ffrae, a distaw noddi casineb a surni y tu mewn nes magu asid. Ac fe all asid greu'r fath drwch ar ben batri nes stopio'r car mwyaf nobl ar ei daith.

Sut mae pethau rownd y bwrdd brecwast y bore yma? Sut bydd hi heddiw yn y ffatri neu'r siop neu'r swyddfa? Wel, os oes ffrae i fod, beth am ei chael hi drosodd yn reit sydyn? A chlirio pob aflwydd ar ôl y sgarmes, am y gall un llychyn dagu carbiwretor.

O gysidro, yn nhrefn y Cread, y mae storm o fellt a tharanau yn clirio'r awyr yn las lân.

Amser

Wrth hel meddyliau ar gyfer y sgwrs hon, sylwais fod tipiadau'r cloc i'w clywed o'r gegin. Wrth roi'r meddyliau i lawr ar bapur wedyn, roedd y cloc yn tipian yn gyson. A phan aed ati drannoeth i deipio'r cyfan yn drefnus, dal i dipian a wnâi'r cloc. Ni waeth beth y bwriadwn ei ddweud yn y sgwrs, yn ei flaen yr oedd Amser yn mynd. Nid yw'n rhithyn o ots chwaith beth wyf heb ei ddweud, yn ei flaen y mae Amser yn mynd. Pe na ddywedwn un dim o gwbwl oll, yn ei flaen y bydd Amser yn mynd.

Mewn difri, beth sydd yn mynd? Ai Amser? Ai dyn? Ynteu'r ddau? Wel, dyma gyfaddef bod hwn yn fater rhy fawr i mi fedru'i drafod. A phe bawn yn rhoi cynnig ar ddadansoddi, ni waeth beth a ddywedwn ar gownt Amser wedyn chwaith, boed hynny gywir neu anghywir, wnaiff y cloc gymryd dim math o sylw ohonof i,—dim ond dal ati, gyda'i bendil yn tipian, tipian, tipian . . .

Ar un wedd, gall Amser fod yn beth dychrynllyd iawn, yn rhywbeth caled, anhrugarog sy'n gyrru ymlaen, ymlaen, nes codi arswyd ar ddyn. Ond eto, ar wedd arall, y mae Amser yn gallu bod yn rhyfeddol o ffeind. Fe all rhai ddwyn ar gof ryw un diwrnod difrifol o dywyll, a'r pryd hwnnw roedd y byd fel pe bai'n dod i ben; fe gafwyd rhyw sioc fawr, efallai, yn sgil newydd drwg, neu brofedigaeth neu ddamwain. Dyna'r pryd y treuliwyd yr wythnosau trallodus, duon, anobeithiol hynny a dynnodd len trwm a llethol ar yfory bywyd. Doedd bywyd ddim gwerth ei fyw, prun bynnag. Ond yn ara deg bach fe ddechreuodd pethau oleuo'r mymryn lleiaf; fe gaed un awr led fodlon, fe gaed noson gyfan o orffwys, fe gaed pnawn llawen hyd yn oed, ac yn raddol roedd pethau'n gwella, gyda mwy o ffrwt yn dychwelyd i'r ysbryd ac ynni'n hel yn y corff. Ac felly y bu i bethau altro fesul diwrnod a dau a thri, fesul wythnos a mis, a blwyddyn a dwy . . . Erbyn heddiw, medru edrych yn ôl gan ddiolch,—diolch am fod Amser wedi doctora'r dolur mor garedig.

Ond hwn yw'r cwestiwn y carwn i ei ofyn, a'i ofyn i mi fy hun yn gymaint ag i neb sy'n darllen: beth ydan ni'n ei wneud efo Amser? Efallai mai'r un un peth fyddai gofyn beth ydan ni'n ei wneud efo Bywyd? Y mae pwt o farddoniaeth y byddaf i'n ei ddyfynnu ar dro wrth fy ffrindiau, yn ei adrodd wrthyf fy hun yn aml wrth bensynnu yn f'ystafell, a rhygnu'i ganu wrth yrru'r car. Gwaith Robert Davies, Bardd Nantglyn, ydi o:

> A fedd synhwyrau, diau dowch,
> Ar undod trowch i wrando
> Yn un fwriad gan fyfyrio
> Fel mae'n llethrog ddydd yn llithro;
> Ni rusir mono i aros munud—
> Gwalch ar hedfan, edyn buan, ydyw'n bywyd.

Gwalch (falcon) ar wib ei adenydd (edyn) yn fflachio heibio; dyna gyflymder bywyd, meddai'r bardd. A ninnau, ar y llaw arall, yn gweld bywyd yn llusgo'n bwyllog braf, os symud o gwbwl! Fe geir profiad sy'n twyllo felly mewn awyren hefyd: yn uchel, uchel uwch ben y cymylau, mi fuasech yn taeru nad ydych chi'n symud dim, ond mewn gwirionedd, mae'r plên honno'n gwibio ar gyflymder o bum can milltir mewn awr!

Mor hawdd yw twyllo'n hunain efo bywyd; rhyw dybio nad ydym ni'n symud y nesaf peth i ddim, bod faint a fynnir o Amser,—digonedd ohono ar gael inni. Ond y gwir ydi fod yr eiliadau a'r wythnosau a'r blynyddoedd yn melltennu heibio, Ac ar ryw ddiwrnod rhyfedd mae dyn yn sydyn sylweddoli hynny gyda chyffro sydd mor arswydus am un foment â phe bai wedi cael ergyd yn sgwâr yn ei dalcen. Dydi o'n ddim ond fel doe cofio magu'r plant yn fabanod eiddil. Erbyn heddiw, dyma nhw, ymhell dros ugain oed! Mewn difri calon, i ble y llithrodd yr ugain mlynedd hynny?

Gwalch ar hedfan!

Beth felly ellir ei wneud gydag Amser? Un demtasiwn gyson ydi'i wario fo, a'i wario'n ofer. Ar y cychwyn, gall dyn wneud hynny'n llwyr ddifeddwl a diddrwg fel yn y stori ddigrifddwys honno a ganai Bob Tai'r Felin:

> Dydd Llun, dydd Mawrth, dydd Mercher
> Y bûm i'n gwario f'amser;
> Wyddwn i ddim fy mod i ar fai
> Nes daeth dydd Iau, dydd Gwener.

A chyn i'r cyfaill helbulus sobri roedd hi'n nos Sadwrn, gydag wythnos gyfan wedi llithro drwy'i ddwylo. Cystal cyfaddef ein bod ninnau, bawb, mewn rhyw ffordd neu'i gilydd wedi bod yr un mor wastraffus o Amser. Ac ni waeth beth a wnawn ni ynglŷn â'r peth, boed hynny'n droi bysedd y cloc yn ôl, stopio'r pendil neu hyd yn oed losgi'r almanac, yn ei flaen y mae Amser yn dal i fynd.

Gwalch ar hedfan!

O weld hynny, dyma roi cynnig ar gyfeiriad arall o ffrwyno Amser. Nid ei wario y tro hwn, ond ei ohirio gydag ymson tebyg i hyn efallai:

"Rydw i'n llawn fwriadu gwneud fy ngorchwylion i gyd ryw ddiwrnod. Ond nid heddiw. Mi wn fod arna i lythyr i Twm Bifan ers dyddiau; 'sgrifenna i mono fo heno chwaith,—fory efallai, neu ddydd Mawrth, fan bellaf. Rydw i isio galw efo teulu Ty'n Berllan ers tro byd . . . wel, mi bicia i draw cyn diwedd y mis yma. Rydw i wedi addo gneud rhyw joban bach i Modryb Sali—ers tri mis bellach a deud y gwir—mi dria i alw yno'n syth ar ôl i dymor y gwyliau yma basio . . ."

Yn fwya slei a diarwybod fe aeth yfory yn wythnos, a'r wythnos yn fis, a'r mis yn flwyddyn . . . a dyma fi,—byth wedi sgrifennu'r llythyr hwnnw, byth wedi galw, byth wedi gwneud y joban honno. A'r gwir ydi fod y gohirio yma yn gadael rhyw drymder ac anesmwythyd ar ysbryd dyn; yn wir, mae dyn yn cael pangfeydd bychain o'r euogrwydd mwyaf diflas . . .

Ond ni waeth pa mor drymllyd ac anesmwyth yr ydan ni, ni waeth pa mor euog y mae dyn yn teimlo, dydi'r cloc yn hidio'r un ffeuen yn neb.

Gwalch ar hedfan!

Tybed ym mhle mae dyn yn ei methu hi? Wel, nid yn gymaint â bod rhywun yn bwriadu dim drwg o gwbwl, â'i fod wedi cymryd Amser yn ganiataol; wedi credu, gyda llawn hyder fod yna gwota diogel o Amser ar ein cyfer ni'r fan draw. Ac yn yr Amser hwnnw y tybiwn ei fod am ddod, *bryd hynny*—nid heddiw—yr awn ni ati i wneud y pethau mawr i gyd o'u cwr:

"Yr adeg honno, fe ga i roi amser i'r wraig a'r plant, amser i droi tua'r oedfa hwyrach; mi awn ni am wyliau go iawn; mi gawn ni ddigon o amser i ddarllen hefyd . . . ond ar y funud rydw i jest yn rhy brysur, prysur efo'r busnes, efo'r pwyllgorau, mae arna i isio buddsoddi mewn cangen arall o'r fasnach, a mi gymrith rai blynyddoedd o waith reit galed cyn i'r fenter ddechrau talu . . . Prun bynnag, ar ben pymtheng mlynedd arall mi fydda i'n riteirio. Mi gawn ni ddigon o amser i ymlacio bryd hynny—''

Bryd hynny?

Y cwestiwn mawr ydi a *ddaw* y pryd hynny? Pwy a ŵyr na bydd salwch wedi taro? Neu ryw broblem aruthrol o gymhleth wedi cyrraedd? A ninnau wedi cracio'n dipiau o dan yr holl brysurdeb? Hwn oedd pennill arall ysgytiol Bardd Nantglyn:

> Gwagedd mawr rhoi serch a bryd
> Ar olud byd a'i wychder;
> Hedeg ymaith y mae'n hamser,
> Ar ein hoedel na rown hyder.
> Pa mor ofer yw ymrwyfo
> Am ormodedd yn y diwedd a'n gadawo?

Pennill o ddoethineb a rhybudd sy'n cloi dyn o bob cyfeiriad. Y gwir sy'n taeru na fedar neb ohonom ni fyw ond yn yr union funud hwn. Rŵan hyn. Hwn, heddiw, ydi'r cwbwl sydd gennym ni. Er gwario Amser, er gohirio Amser, er llosgi'r almanac, tagu'r cloc a thynnu'r pendil, y mae'r tipian, tipian yn dal i fynd â ni i'w ganlyn. 'Ar ein hoedel na rown hyder . . .'

Yn un o raglenni *Letter from America,* fe glywais Alistair Cooke yn sôn am ŵr oedd yn berchen ffarm o filoedd o aceri. Gan fod ei diriogaeth yn ddarn gwlad mor eang, anaml, os byth, yr âi'r amaethwr i drybestod tref a dinas. Ond yng nghanol hedd ei diroedd braf, yr oedd un peth a barai bryder i'r gŵr hwn, yn arbennig ar adeg cynhaeaf, sef y stormydd dinistriol hynny a fyddai'n ysgubo heb fath o rybudd dros y darn gwlad hwnnw o America.

Un dydd fe glywodd yr amaethwr fod teclyn ar gael yn siopau'r ddinas bell a allai fod o gymorth ar ei ffarm, teclyn na chlywodd erioed amdano cyn hynny,—*barometer,* a fyddai'n dangos iddo, rhag llaw, arwyddion tywydd.

Wedi teithio rhai cannoedd o filltiroedd, fe gyrhaeddodd y gwladwr i ganol rhyfeddod y ddinas brysur, cafodd hyd i siop yn gwerthu *barometer,* fe'i prynodd â brwdfrydedd, ond cyn camu i'r stryd gofynnodd i'r siopwr egluro iddo ragolygon y teclyn am dywydd trannoeth. Yn falch o helpu ei gwsmer, craffodd y siopwr ar y gwydr crwn: ''Mae'r nodwydd yn arwyddo bod tywydd stormus eithriadol ar ddod,'' meddai.

O glywed am y fath dywydd, aeth yr amaethwr yn lloerig, ac yn ei dymer cydiodd yn y teclyn a'i drawo'n deilchion ulw yn erbyn y cownter.

Wrth adrodd yr hanes yna, brawddeg olaf Alistair Cooke oedd hon: *He smashed the barometer, but he met the hurricane on the way home.* A dyn, fel erioed, yn gorfod plygu. Os nad yn hwyr, yna'n hwyrach.

Newyddion—Drwg a Da

Ydi newyddion da yn mynd yn brinnach? Wrth ddarllen papur newydd, gwrando ar y radio, neu wylio'r teledu, onid ydi'r *'news'* bondigrybwyll, yn beth trist a thrymllyd? Yn bur gyson fe geir bod rhywun wedi'i lofruddio, bod lladron wedi torri i mewn i dŷ, rhyw blentyn bach wedi'i gam-drin, merlod wedi eu hanafu ar y mynydd, bom wedi ffrwydro mewn stryd, ysgol wedi'i rhoi ar dân . . .

Peth fel yna ydi'r stwff tywyll sy'n cael ei daenu ar bapur a radio a sgrîn, a hynny drosodd a throsodd nifer helaeth o weithiau bob dydd. Ac wrth i'n haelwydydd gael eu bombardio fel hyn bob un diwrnod, o un pen blwyddyn i'r llall, gyda disgrifiadau o fileindra dynion, ydi o'n syndod o gwbwl ein bod ni'n mynd yn ddiobaith fel gwlad, ac yn iselysbryd fel pobol?

Ond y mae un peth a gredaf yn daer sy'n llawenydd ei ddweud yma, sef bod yna beth wmbredd mwy o dda yn y byd nag sydd o ddrwg. Mwy o *sôn* sydd am y drwg. Am ryw reswm, dydi'r da ddim cystal defnydd newyddion â'r drwg.

Meddyliwch am eich ardal chi'ch hunan; mae yno beth anghymharol fwy o dda wedi digwydd heddiw nag o ddrwg. Onid oes caredigrwydd mawr o gwmpas y fro, gyda chymwynasau'n cael eu cyflawni'r munud hwn rhwng pobol â'i gilydd? Heb unrhyw ddadl, y mae yna feddyliau ffeind ar gerdded, a dwylo caredig ar waith. Er, yn ddiamau, eich bod chi'ch hunan, sy'n darllen hyn o eiriau, wedi gwneud swm o ddaioni yn ystod y dydd heddiw, eto, mae arna i ofn na fydd yna ddim sôn amdanoch chi na'ch tiriondeb. Ond,—os gwnewch chi ryw lanastr led filain hyd y lle acw, mi fyddwch yn y newyddion cyn nos!

Mae dameg yn y Beibl am ryw ddyn, wrth deithio ar hyd ffordd Jericho, yn cael ei reibio gan haid o ladron, a'i adael ar fin y ffordd wedi'i frifo'n ofnadwy.

Eto, nid y lladron oedd yn y newyddion gan Iesu Grist, ond '*rhyw Samariad*' a aeth o'i ffordd i helpu'r truan oedd ar lawr. Nid Dameg y Lladron Mileinig mohoni, ond Dameg y Samariad Trugarog. A rhai fel hwnnw ydi pobol y Newyddion Da. Nid honni'n gibddall yr ydw i fod popeth yn hyfryd iawn mewn hyn o fyd, (y mae ymhell, bell o fod felly, ysywaeth) ond dweud gyda llawenydd fod yna lawer iawn, iawn mwy o drugarogion ar gerdded nag sydd yna o ladron. Ac ymgysuro bod yr hen ddihareb yn nes ati na dim arall: 'amlwg llaid ar farch gwyn'.

Coed o Wlad y Saer

Yn y Salm gyntaf un fe geir y geiriau prydferth hyn: '*ac efe a fydd fel pren wedi'i blannu ar lan afonydd dyfroedd, yr hwn a rydd ei ffrwyth yn ei bryd, a'i ddalen ni wywa, a pha beth bynnag a wnêl, efe a lwydda*'.

Ym mysg pethau eraill sydd yn disgrifio'r dyn da yn y fan yna, un peth amlwg ydi fod y dyn hwnnw yn sefydlog,—fe wyddoch ple i'w gael o. Y mae cyfaill arall yn y Salm, ond ei fod yn un anodd iawn dod o hyd iddo. Mae hwnnw'n rhodio yng nghyngor yr annuwiolion, yn sefyll yn ffordd pechaduriaid ac yn eistedd yn eisteddfa'r gwatwarwyr. Gŵr di-ddal ddifrifol, gwibiog ac anwadal. 'Wnaeth o ddim aros yn ddigon hir yn unman i fedru tyfu, ac fe orffennodd mewn lle na fedrai fagu gwreiddiau. Doedd dim saf yn yr hen druan bach,— '*fel mân us, yr hwn a chwâl y gwynt ymaith*'.

Mae yna blanhigyn yn America, o'r enw *tumbling tumbleweed,* sy'n gwreiddio ac yn blodeuo—am sbel yn unig. Yna, fel bo'r tir yn sychu, mae'r planhigyn yn tynnu'i wreiddiau i mewn iddo'i hun, ac wrth golli gafael yn y pridd mae'r gwynt yn ei rowlio fel pellen o le i le, a'i yrru ar hyd ac ar led y diffeithwch . . .

fel mân us. Erbyn y diwedd, wedi'r holl grwydro diamcan, ni bydd dim ohono ar ôl ond bwndel bychan, crin o wreiddiau marw. Llinell olaf y gân o America lle mae'r cowboi'n ei weld ei hun yn ddigon tebyg i'r planhigyn yw hon: *Drifting along with the tumbling tumbleweed!* Ond y mae'r gŵr arall yn y Salm yn sefydlog: *'fel pren wedi'i blannu'.* Ac fe wyddoch yn iawn lle i gael rhywbeth sydd wedi'i blannu.

Roedd deupen y lein ddillad yn ein cartref ni ynghlwm wrth ddwy goeden dderw oedd yn libart yr ardd. I godi'r lein yn y canol llac, roedd gan mam bolyn onnen hir, fforchog. Ar brydiau, fe fyddem ni'r plant yn cymryd y polyn lein a'i ddefnyddio i chwarae,—i lamneidio o ben y clawdd a thrwy'r awyr i'r cae. Lawer tro ar ddiwrnod golchi fe glywais mam yn galw: "Robin! Lle rhoist ti'r polyn lein?" Ond ni chlywais i erioed mo mam yn gofyn lle rhois i'r goeden dderw! Roedd honno yn yr un man sefydlog bob amser—am ei bod hi wedi'i phlannu.

Dyna'r gwahaniaeth rhwng coeden a pholyn: does neb byth yn *plannu* polyn,—*gosod* polyn a wna dyn. Ond am goeden, cael ei phlannu a wna hi, a hynny am ei bod hi'n beth byw. A mater tyner iawn yw plannu unrhyw beth, am fod dyn bryd hynny yn delio â bywyd.

Mi fydda i'n cael rhyw ddolur rhyfedd wrth weld coeden yn cael ei thorri, o feddwl bod darn o fywyd yn cwympo. Wrth gwrs, mae hi'n demtasiwn i siarad yn feddal am beth fel hyn, a dylid ymatal. Wedi'r cyfan mae'n rhaid cael coed ar gyfer codi tai a gwneud dodrefn, coed i longau a phyllau glo, coed at ffensio terfynau, a blociau at dân yr aelwyd. Ond eto, y mae rhywbeth prudd mewn cwympo pren. Fe gymrodd y goeden drigain mlynedd i dyfu: aeth y llif-gadwyn trwyddi mewn trigain eiliad. Ac yn yr un munud hwnnw fe dorrwyd harddwch i'r llawr, fe dorrwyd darn o hanes mebyd, fe dorrwyd cysgod allan o fod.

Mae rhywbeth felna o gwmpas y dyn da, meddai'r Salmydd: mae harddwch o'i gwmpas, mae iddo hanes sy'n llawn bendith; fe fu'r gŵr da yn gysgod, Duw a'i gŵyr, i lawer truan yn y gawod. A phe ceid y gwir i gyd, odid na fu'r cysgod hwnnw yn fywyd i ambell un. Fe glywais wraig, gyda'r anwylaf a gwrddais erioed, yn dweud peth fel hyn: "Oni bai am ddylanwad rhai fel Edward Lloyd a Sali Dafis, mi faswn i wedi mynd i 'nghythraul ers blynyddoedd.'' Roedd hi wedi cael adnabod rhyw bobol mewn ardal oedd fel y goeden, yn sefydlog, yn gadarn, yn gysgod mewn stormydd, ac yn harddu'r gymdogaeth honno.

Mae'n agos i bymtheng mlynedd wedi pasio bellach, ond y pryd hynny roedd tripiau'n cael eu trefnu i blant ysgolion ymweld â gwahanol wledydd y byd. Rydw i'n cofio Catrin yn hwylio ar y llong wen *Nevasa,* a'r plant yn cael taith i'r Eidal, wedyn yr Aifft ac yna Israel. Fe fuont yn Haifa, yn ymdrochi ym Môr Galilea, a theithio mewn bws tua Bethlehem nes cyrraedd Caersalem.

Ar ôl cryn dair wythnos daeth y fechan adre, a dyna lle'r oedd hi'n dadbacio ac yn datod parseli nes bod y bwrdd yn un pentwr o fân betheuach. Taclau oedden nhw a brynodd hi oddi ar stondinau Genoa, Cairo, Malta, Gibraltar a lleoedd felly. Toc, o ganol y geriach llachar dyma hi'n dal rhywbeth yn ei llaw a'i daflu'n ddigon di-hid ar y bwrdd a dweud yn chwerthinog: ''O ia! Hwn hefyd!'' Beth oedd yr 'hwn' hwnnw ond mochyn coed,—enw trigolion Eifionydd am y ffrwyth clapiog, caled sy'n magu ar gangau coed pinwydd a chedrwydd: *pine cone.*

Mi gofiaf ollwng y mân gelfi o'm dwylo a chythru i'r mochyn coed gan fwrw'r cwestiwn ati: ''Ple cest ti hwn, Catrin?''

''O! Mi dorrodd y bws yn rhywla rhwng Bethlehem a Jericho,'' meddai hithau, ''a phan oedden ni'n cicio'n sodla wrth ochor y ffordd, roedd yna lot o'r rheina ym mhob man o dan y coed, a dyma fi'n taro hwnna'n fy mhocad.''

Wel, gyda phob parch i'r cofroddion trincet o Gaersalem a Haifa, yr oedd llawer o'r rheini'n dwyn nod *Made in Japan* a *Made in Hong Kong!* Ond am 'hwn'—y mochyn coed—y clapyn caled yma a fu'n hongian ar frigyn coeden gerllaw Bethlehem,—roedd hwn wedi dod o union ddaear y wlad honno. O wlad Israel. O'r wlad y bu Iesu Grist yn tramwy ynddi.

Fodd bynnag, yn ystod y gaeaf fe sychodd y mochyn coed yng ngwres y silff-ben-tân, ac wrth iddo gracio a sych-ymagor fe ddisgynnodd pentwr o hadau allan o'i agennau. O ran ymyrraeth, dyma'u plannu nhw mewn blychau mawn; ymhen sbel wedyn eu trawsblannu yn yr ardd, ac yn wir erbyn heddiw ar y llain gartre mae rhes o'r cedrwydd yn goed tal bytholwyrdd, dros ddeg troedfedd o daldra. A phan fydd ffrindiau'n gofyn o ble cefais i nhw, byddaf innau'n ateb yn falch: "O'i wlad O y daeth y rhain."

Ar ambell awr hud, mi fydda i'n edrych yn hir a syn ar y cedrwydd diarth yn Rhos-lan, a rhyfeddu iddyn nhw gychwyn o hadau rhyw bren pell, bell i ffwrdd gerllaw Bethlehem Jwda. Bryd hynny fe red y meddwl mewn ffantasi gan holi tybed, tybed a basiodd O heibio i hen deulu'r union goed yma ganrifoedd yn ôl? Tybed a fu Mab y Saer yn llifio cangen o gyff y rhain i wneud cyrn i'r aradr? Ar bnawn poeth, ac yntau wedi blino'n lân, tybed a fu iddo Fo eistedd o dan gysgod rhagflaenwyr y cedrwydd hyn? Bid a fo am ddyfalu fel yna, fe erys un ffaith: coed o wlad y Saer o Nasareth ydyn nhw.

Wrth eu gwylio'n siglo gyda'r awel daw syniad y Salmydd i felysu'r profiad (yntau hefyd o'r wlad honno): fod rhai pobol i'w cael ar hyd a lled y byd sy'n debyg i'r coed '. . . fel pren wedi'i blannu'. Ac i'r cof fe ddaw yr addfwyn Jenkin Hughes o ardal Dinmael; neu Ellis Pierce Roberts gyda Diwygiad dechrau'r ganrif wedi bwrw ffagl anniffodd i ganol ei enaid tyrfus. Yr hen wraig honno o Gysulog, oedd â'i duwioldeb yn llafar gwlad. A Mrs. Jarrett, lawn hiwmor, fyddai'n siarad am y Brenin Mawr mor ddihelynt â phetasai hi'n sôn am y tywydd. A dyna Miss Jones o'r Penrhyn: yr 'Hen Sant' oedd enw anwes pawb amdani, am ei bod hi bob dydd yn sôn am Iesu Grist fel pe bai'n lletya yn ei thŷ. O ran hynny, mae'n rhaid ei fod O.

Ifan Owen Jones wedyn, yn cael dwy *amputation* o fewn deunaw mis; fe welais ganghennau o gorff hwnnw'n cael eu plygu a'u malu bob siâp gan y ddrycin—drycin oedd yn ddigon dinistriol i fflatio fforest. Eto, roedd yr hen goeden yn dal yn ddi-gryn. Nid yw'r coed hyn fyth yn newid mewn unrhyw dywydd: *'a'i ddalen ni wywa'*. Boed haf, boed aeaf, bytholwyrddion ydyn nhw. Ond o ble daeth coed o'r fath? Ni welaf ond un ateb: o wlad y Saer ei hunan, lle tyf Pren y Bywyd.

A beth am y pennill hwn i'r Pren gan John Thomas, Pentrefoelas? Mae'n un o'r pethau clysaf y gwn i amdano:

> Pwy welaf fel f'Anwylyd,
> Yn hyfryd ac yn hardd,

Fel ffrwythlon bren afalau'n
Rhagori ar brennau'r ardd?
Ces eistedd dan ei gysgod
Ar lawer cawod flin;
A'i ffrwyth oedd fil o weithiau
I'm genau'n well na gwin.

Dafydd Iddew a Dewi Gymro

Wedi gadael ardal Golan sydd gerllaw i ni yma, a gyrru
deng milltir tua'r gogledd, fe ddoir i ymyl Nebo lle mae
Thomas a Martha wedi prynu'r tyddyn delaf erioed. O dynnu
ymlaen tua'r llethrau, awn drwy bentref Carmel nes dod i
ochrau Pisga, cartref Mary ac Effraim. Yn unionsyth dros
gribau'r mynyddoedd dacw Fethesda, lle bu John a'i frawd,
Joseff, yn ymlâdd yn y chwarel, gyda Dorcas eu chwaer, yn
cadw tŷ iddyn nhw,—Dorcas fel ei thad, yr hen batriarch Seth
Elias, yn medru adrodd y Salm Fawr heb fethu adnod . . .
Pe cyfieithid y mymryn paragraff yna i Hebraeg, gellid ei
dderbyn heb newid un enw priod, fel disgrifiad o lecyn ac o
bobl yng ngwlad Israel: Golan, Nebo, Thomas, Martha,
Carmel, Pisga, Mary, Effraim, Bethesda, John, Joseff,
Dorcas, Seth Elias . . . a Salm! Eto, nid yw'r uchod, serch yr
enwau Iddewig pur, yn ddim llai na chyfeiriad at gornel o
Wynedd yng Nghymru. Nodweddion gwlad Dafydd, y
salmydd o Iddew, wedi clymu'n bleth-ymhleth â nodweddion
gwlad Dewi, y sant o Gymro.
Onid yw cenedl Dafydd a chenedl Dewi yn anhygoel o
debyg mewn cymaint o bethau? Dwy genedl fechan, yn meddu
ar iaith ac arferion unigryw, wedi dioddef swm o orthrwm, yn
llawn hiraeth mewn alaw ac emosiwn mewn crefydd. Fel y
seinia'r Iddew ei 'foliant i'r Goruchaf', a chydnabod nad
hawdd ganddo ganu 'cerdd i'r Arglwydd mewn gwlad
ddieithr', felly hefyd y clywir o Wlad y Delyn orfoledd anthem
y Cymro ar oriel cymanfa, a'i ddagrau wedyn o 'drigo mewn
gwlad estronol'.
O droi i fyd llên, fe welir mai gyda myfyrion crefyddol y bu
i'r naill genedl fel y llall gyrraedd pinaclau uchel eu rhyddiaith

77

a'u barddoniaeth. Fel enghraifft o geinder yr Iddew, dyna Lyfr Job, Llyfr y Salmau a Llyfrau'r Proffwydi; a chyda'r Cymro, beth am *Lyfr y Tri Aderyn* Morgan Llwyd, *Drych y Prif Oesoedd* Theophilus Evans, a'r clasur hwnnw gan Ellis Wynne, *Gweledigaethau'r Bardd Cwsg?*

Yna, os mynn yr Iddew roi bri ar gadw gwyliau mawr fel Gŵyl y Pebyll, Gŵyl y Bara Croyw a Gŵyl y Pasg, fe fynn y Cymro, yntau, ddathlu Gŵyl Plygain, Gŵyl y Groglith a'r Ŵyl Ddiolchgarwch. Ac yn anad unpeth, Gŵyl Dewi Sant, sy'n peri bod dyddiau cynnar Mawrth yn firi o delynau a phartïon mewn ysgol a neuadd a hotel. Gwlad y Gân!

Bellach, ysywaeth, gan i beryglon o lawer cyfeiriad ymrithio i fywyd ac i freuddwyd y genedl, nid yw popeth yn gân yng Nghymru Fach; nid yw Cymru mor Gymreig ag y bu; nid yw mor grefyddol, nac mor ddiwylliedig ag y bu. Mae sawl Bethel wedi'i droi'n ffatri, ac aeth llawer bwthyn yn dŷ haf.

I gyfarwydd gyfeiriad—hen aelwyd
Anelaf fy rhodiad;
'Waeth heb! Nid oes atebiad—
Estron hyf sy'n nhŷ fy nhad.

Sawl Cymro, wedi bod yn hir o'i gynefin, o droi'n ôl i henfro'i febyd a wanwyd fel yna? A chyda'r newid chwith a ddaeth i winllan y genedl, gellir bod yn ddiogel yn nyddiau Gŵyl Ddewi y bydd mynych ddyfynnu ar yr erfyniad hwn:

'Deuwch ataf i'r adwy,
Sefwch gyda mi yn y bwlch,
Fel y cadwer i'r oesoedd a ddêl y glendid a fu'.

Allan o ddrama *Buchedd Garmon* gan Saunders Lewis y daw'r gri yna, wrth gwrs, ond os trown ni i Lyfr yr Ancr, fe geir buchedd arall,—*Buchedd Dewi,* sy'n cynnwys yr annerch hwn:

'Arglwydd, frodyr a chwiorydd, byddwch lawen. A chedwch eich ffydd
a'ch cred. A gwnewch y pethau bychain ac a glywsoch ac a welsoch gennyf
fi. A minnau a gerddaf y ffordd yr aeth ein tadau iddi. Ac yn iach ichwi,
ebe Dewi. A boed grymus i chwi fod ar y ddaear. A byth bellach nid
ymwelwn ni'.

78

Dyna eiriau olaf Dewi Sant wedi eu cofnodi mewn llawysgrif sydd dros chwe chan mlynedd oed. Ac er bod Dewi ei hun wedi marw ers ymron bedwar cant ar ddeg o flynyddoedd fe erys y neges yr un fath o hyd: 'sefwch yn y bwlch, mawrygwch eich etifeddiaeth, carwch eich cenedl'. Mor hawdd yw dweud, ond sut mae gwneud?

Os awn ni i wlad Samaria gryn ugain canrif yn ôl, fe gawn gyfrif am Iesu Grist un bore tawel yn dangos y wlad i'w ddisgyblion. "Edrychwch ar y meysydd," meddai wrthynt, "canys gwynion ydynt eisoes i'r cynhaeaf. A phan ewch chi i gasglu'r ysgubau llawnion, wnewch chi gofio un peth, ddisgyblion? Mai eraill a lafurasant, a chwithau a aethoch i mewn i'w llafur hwynt".

Onid dyna'r neges hyd heddiw, ei bod hi'n bwysig i ni werthfawrogi'r llafurwyr a fu'n ymlafnio hyd y maes o'n blaenau ni? Mae yna eraill wedi bod wrthi'n dyfal drin y ddaear arw, yn aredig, yn gwrteithio ac yn hau, a hynny, gwiw'r cofio, mewn adegau blinion, anodd. Nid ni, heddiw, a gododd y capel yn y cwm, na'r ysgol yn y wlad, na'r ysbyty wrth y lofa, na'r coleg ar fryn a ger lli. Ond rhywun arall. *Eraill* a lafuriasant . . . a ninnau'n derbyn y fendith.

Erbyn hyn, ein tuedd ni yw mynd i hawlio'r bendithion. Hawlio'r pensiwn, heb gofio brwydr anodd Lloyd George; hawlio meddyg ac ambiwlans, heb gofio ymdrech daer Aneurin Bevan. Pe na baem ond yn ystyried y Beibl Cymraeg, a'r llafur llethol a gostiodd i wŷr fel William Salesbury a William Morgan; *eraill* a lafuriasant,—gwŷr a fu wrthi hyd flinder, hyd aberth er mwyn gadael bendithion ar eu holau.

Heb ddadl fe gawsom, fel cenedl, weithwyr arwrol. Ond, gwaetha'r modd, yr ydym wedi *colli* gweithwyr yn ogystal, ac fe ddigwydd y colli hwnnw yn dywyll gyson o'r naill flwyddyn i'r llall. Gwŷr a gwragedd ymroddedig yn dyfal lafurio, bob un yn ei ffordd ei hunan, mewn amser ac allan o amser. Rhai fel Griffith John Williams, R. T. Jenkins, Ifan ab Owen Edwards, Gwenallt, Enid Wyn Jones, Trefor Morgan, D. J. Williams, Cynan, Waldo, Alwyn D. Rees, Jac L. Williams, Parry-Williams, ac fel yr wy'n sgrifennu hyn, dyna W. S. Gwynn Williams, Dilys Cadwaladr, ac yna William Morris a Meic Parry. A beth am y cyfeillion hynny mewn bro sy'n rhan annatod o'i defnydd? Dynion a merched sydd wedi lliwio mor gynnes fywyd ardal, ac er na chlywodd y byd fawr, os dim amdanynt, y maent yr un mor bwysig â'r gwŷr enwog wedi'r cyfan. Mewn ychydig fisoedd yn unig cafodd ein bro ni yma ei thlodi'n greulon ym marwolaeth rhai fel Johnnie, Minafon; Now Huw, Tyddyn Sianel; Meic, Tyddyn Du; John, Refail; Robin Twm, Cae Coch; a Myfi, Cae Llwyd . . . Y mae niferoedd di-sôn eraill wedi'n gadael fel hyn o fro i fro, gyda'r genedl yn cael ei briwio'n anochel. *'Bu hefyd rai heb fod coffa amdanynt, y rhai y darfu amdanynt fel pe na buasent, ac a aethant fel pe nas ganesid hwynt, a'u plant ar eu hôl hwynt. Eithr gwŷr trugarog oedd y rhai hyn, cyfiawnder y rhai nis anghofiwyd'.*

Ond dyma beth rhyfedd: mae llawer o lafurwyr dygn yr oesoedd yn bur fynych wedi cyflawni'r dasg o dan ddirmyg a phoen,—pobl a gafodd eu herlid a'u carcharu, eu gwenwyno, cael torri eu pennau, a rhai ohonynt eu llosgi'n fyw. Ond peth rhyfeddach na hynny yw fod pobl oedd yn ddirmygedig mewn un cyfnod, yn aml iawn yn cael eu cyfrif yn arwyr gan gyfnod sy'n dilyn.

Meddylier am Seimon Pedr yn cyrraedd Rhufain, a'r truan yn gyff gwawd gan y Cesar balch. Paul, yntau'n mynd i Rufain, a chael ei libindio gan Nero, Eto, yn Rhufain heddiw, nid oes un eglwys i Gesar, nac i Nero. Ond y mae yno heddiw eglwys i Sant Pedr. Ac y mae yno heddiw eglwys i Sant Paul. A bod yn gywir, eglwysi ydynt i Iesu o Nasareth. A phwy a fu'n fwy dirmygedig na'r gŵr gofidus hwnnw?

Y mae cenedl Dafydd Iddew, a gollodd yr iaith Hebraeg, a'i chodi'n wyrthiol o farw'n fyw, yn gwrthod yr Iesu hwn. Eto, i'r graddau y mae cenedl Dewi Gymro yn cefnu ar warineb yr un Iesu mewn llan a chapel ac ardal, i'r un graddau y mae'r Gymraeg yn edwino o'r naill Ŵyl Nawddsant i'r llall.

A sut y mae datrys cwlwm fel yna?

Yr Eneth a Gollodd

Doedd dim posib peidio â dilyn ymdrech Terry Griffiths yn trechu Dennis Taylor yn y gêm snwcer honno am bencampwriaeth y byd. Fe barhaodd y frwydr ddistaw rhwng y ddau am dridiau, gyda miliynau, meddir, yn eu gwylio trwy'r teledu hyd eithaf y ddaear. Y peli lliwgar ar lain werdd y bwrdd, y chwaraewr yn hir bendroni wrth fwrw'r draul ynghylch ei ergyd nesaf, yna'n isel gwmanu, ei ben at-i-lawr a'i lygaid at-i-fyny, gyda'r hirffon fain ar anel fanwl, fesuredig yn taro'r bêl wen i'w llwybr tawel . . . clic caled . . . y las yn araf symud a diflannu dros yr ymyl i'r boced. Y ffrâm, a'r ornest, drosodd, a deng mil o bunnau wedi eu hennill.

Onid oes cystadlu o bob math ar gerdded? Weithiau am arian, weithiau am glod, weithiau am enw. Coron Driphlyg y bêl hirgron i'r Cymry, y 'lliw' i rwyfwyr Rhydychen a Chaergrawnt, y gwregys Lonsdale i'r paffiwr, y cwpan i dîm socer yn Wembley . . . Nid oes ddiwedd ar ddychymyg ymryson: rasio ceir, rasio beiciau, rasio milgwn a cheffylau a cholomennod. A beth am dwrnameint golff a thenis, gyda'r arbenigwyr yn cystadlu o eithafoedd y byd, a'r torfeydd yn ymdyrru i'w gwylio?

Yng Nghymru, hithau, fe ddaw'r haf i Lanelwedd lle bydd da'r amaethwr a'r bridiwr mewn cystadleuaeth, yn dda blewog a phluog a gwlanog. Daw eisteddfod lawen yr Urdd hefyd, gan gorlannu miloedd o blant clysion, llyfngroen, a'u hegni fel yr haul, yn ddiball. Wedyn fe ddenir minteioedd amryliw y cenhedloedd i droi Llangollen yn fôr o gân ar lwyfan, dan goed a ger afon. Prin y bydd y cord olaf wedi tewi yno na bydd Awst yn agor wythnos gynhyrfus y Brifwyl, yn ferw gan firi cystadlu a llawen gwrdd â hen gyfeillion.

A'r cwestiwn sy'n dilyn pob ymryson ac ymrafael: pwy enillodd? Wedyn, ar bob llaw, ni cheir dim ond enw'r buddugol yn fras mewn papur newydd, yn uchel ar radio, yn llachar ar deledu, gyda chanmol edmygus am ddyddiau hirion.

Ond beth am y sawl a gollodd? Wel, go brin y bydd na sylw na sôn am y truan hwnnw neu honno, na'r ymgais. Darfu, fel pe na buasai, ys dywed y Beibl. Eto, onibai am y sawl a gollodd ni byddai cystadleuaeth o gwbwl.

Fe erys un atgof am eisteddfod yr Urdd yn y Barri. Yn ôl yr

arfer blynyddol, bu cannoedd o blant yn paratoi drwy'r gaeaf, a dyna nhw bellach yng ngolwg y llwyfan terfynol, a gobaith pob cystadleuydd yn wefr olau. Cyrraedd y llwyfan, a chystadlu. Ond drapia unwaith! Y plentyn arall hwnnw'n cipio'r wobr ac yn ymfoddi mewn cymeradwyaeth a nawddogaeth boeth y radio a'r wasg a'r teledu, yr Aelwyd a'r ysgol, heb sôn am y teulu balch.

Ond beth oedd hanes y collwr bach oedd o fewn dim i gael cynnig arni? I mi, o leiaf, fe ddigwyddodd strôc fawr gŵyl yr Urdd yn y Barri gydag eitem deledu gan Wynford Elis Owen a Mici Plwm. Roedd y ddau bererin hynny wedi dod o hyd i blentyn ar y Maes,—geneth fach oedd wedi methu, o fewn dim, â chael y llwyfan adrodd yn yr eisteddfod. A'r hyn a wnaeth y ddau ddigrifddyn mewn fflach o weledigaeth gynnes, debygwn i, oedd trefnu sgwrs, nid â'r plentyn buddugol am y tro, ond gyda'r eneth a gollodd. A gofyn iddi hi adrodd i'r camera. Wel! Wel! Os cafodd plentyn bach ei blesio erioed!

Fe fwriodd y fechan i'w chyfle gydag ymroddiad cwbwl lwyr, a rhoi triniaeth frenhinol i bob un pwyslais ac ystum gyda'r boddhad yn y foment fawr honno'n llenwi'r sgrîn, onid yn llifo drosodd. Awr fawr y collwr bach!

O feddwl, nid ennill sy'n bwysig mewn bywyd. Nid colli chwaith. Ond trio, fel y gwnaeth y bwten fach annwyl honno,—a channoedd tebyg, na bu sôn amdanyn nhw.

Canu yn y Mellt

Cenedl od iawn, iawn ydi cenedl y Cymry. Ni fynnwn am funud honni ein bod ni'n well cenedl na rhywun arall, ond yr ydan ni'n wahanol i bawb. A does gennym ni ddim math o help am hynny. Does gennym ni ddim help mai ar y llain hon o'r ddaear yr ydan ni'n byw; ddim math o help bod gennym ni'n hiaith ein hunain,—un o ieithoedd hynaf Ewrob. Na dim help chwaith bod gennym ni'n ffordd ein hunain o fyw, a'n ffordd arbennig o feddwl, boed hynny beth y bo,—yn groesawus neu'n gecrus, yn dirion neu'n daeog.

Peth arall amdanom ni ydi bod carfan o'r genedl yn cael nefoedd wrth ymhél â llenydda ac â barddoni. Efallai mai prifnod y genedl, yng ngolwg y byd mawr, ydi'r ddawn hynod sydd gan Gymry i ganu. Ni byddai'n deg dal ein bod yn gerddorion eithriadol o ddawnus; does gennym ni ddim enwau sy'n fyd-adnabyddus fel Verdi neu Bach neu Liszt neu Beethoven. Ond am fod â dawn i ganu'n lleisiol, a hynny mewn harmoni greddfol, a bod wrth ein bodd yn ei morio hi, yna mae'n bur bosibl nad oes neb hafal i'r Cymry am beth felly. Waeth i ble y trowch chi o gylch y wlad, fe glywch y Cymry'n canu o ryw gilfach neu'i gilydd: canu ar lwyfan, ar drip mewn bws, canu mewn noson lawen, yn yr oedfa, yn y dafarn, yn y gymanfa, ar gae'r bêl hirgron yng Nghaerdydd neu ar y canal yn Llangollen.

Pan oedd Iesu Grist yn dathlu swper y Pasg mewn ystafell fenthyg gyda'i ddisgyblion, mae Mathew yn cloi'r hanes hwnnw â'r frawddeg hon: *'Ac wedi iddynt ganu emyn, aethant allan i Fynydd yr Olewydd'*. Sylw pendant at y disgyblion yn canu. Gan gofio mai eu llyfr emynau nhw oedd Llyfr y Salmau, tybed pa salm a ganwyd? A sut leisiau oedd gan y criw cymysg hwn? Mi fyddai'n ddiddorol cael tâp o'r canu hwnnw.

Ond pwysicach na dim felly ydi bod y disgyblion hyn yn canu mewn lle anodd iawn. Ac o feddwl, onid dyna un o ddoniau pobol yr Arglwydd erioed,—medru canu lle'r oedd pawb arall yn cablu? Canu mewn carchar, canu yn ffeuau'r llewod, canu yn arena'r merthyron, a chanu oddi ar y croesau. Sawl tro, yn wir, y bu i chi ymuno â'r gân ar bnawn claddedigaeth? Y mae gofyn calon go lew i feddwl am ganu mewn mynwent. Canu lle mae pawb arall yn crio. Canu yn y mellt! Peth gweddol hawdd ydi canu mewn cymanfa, tipyn mwy anodd ydi canu mewn cyfyngder.

Cyfyngder oedd hi yn hanes y dynion yma, a'r storm yn cau yn gyflym o'u cwmpas nhw. Yn un peth, roedd hi'n dywyll iawn y tu allan: yr archoffeiriad a'r swyddogion yn planio'n ysgeler i ddal eu meistr nhw, a phen draw tywyll y cynllwyn oedd ei ladd o. Roedd y llysoedd yn barod i gynnal prawf, a'r dadleuon eisoes wedi eu hogi'n llymion, gyda'r awdurdodau'n craff-wylio pob un symudiad. Yn llechu yng nghysgodion Gethsemane yr oedd giang o ddihirod â lanternau a phastynau a ffyn. Tywyllwch creulon rhagfarn a dialedd.

Ond os oedd hi'n dywyll y tu allan, roedd hi'n dywyllach fyth y tu mewn. Roedd brad yng ngwersyll y disgyblion. O bob rhyw le i gael brad! *'A'r Iesu a ddywedodd: "Un ohonoch chwi a'm bradycha i . . ."'*. Nid neb o'r tu allan yn gymaint bellach, ond rhywun o'r tu mewn: 'un ohonoch *chwi'*.

Ar y funud ingol honno y mae'r disgyblion yn gwneud peth mawrfrydig iawn, iawn. 'A phwy a ddechreusant ofyn, bob un ohonynt: Ai myfi yw, Arglwydd?' Bendith ar eu calonnau trwblus nhw! Pan ydan ni'n clywed am ryw ddrwg neu frad o'r tu mewn i'r eglwys, rydan ni'n barod iawn i dystio mai'r blaenor acw sy'n gyfrifol, mai'r diacon arall oedd ar fai, mai gweinidog Seion ydi'r drwg, mai ficer y llan ydi'r achos . . . Pwyntio at rywun *arall* ydan ni. Ond pan glywodd y disgyblion fod brad yn y gwersyll, wnaethon nhw ddim codi bys at neb arall; doedden nhw ddim yn amau neb o'u cwmpas—ond nhw'u hunain: *'Ai myfi yw,* Arglwydd?'

Â Mathew yn ei flaen i ddisgrifio'r dynion hyn yn eu ffwndwr *'yn drist iawn'*; eneidiau o dan bwn yn isel, a fflat a digalon. Ond yn sydyn, ac o bopeth annisgwyl, mae'r fintai brudd yn canu. Canu! Rywfodd, dydi'r peth ddim yn gwneud synnwyr o fath yn y byd. Fedrwch chi ddim canu, o bopeth, os ydach chi'n isel a di-hwyl, fel y tystiodd yr hen bennill gwerin mor ddiogel:

> Mae 'nghalon i cyn drymed
> Â'r march sy'n dringo'r rhiw;
> Wrth geisio bod yn llawen
> Ni allaf yn fy myw;
> Mae'r esgid fach yn gwasgu
> Mewn man nas gwyddoch chwi,

A llawer gofid meddwl
Sy'n torri 'nghalon i.

Eto, er bod llawer gofid meddwl yn pwyso ar y disgyblion, fe
aethon nhw allan i'r nos, ac i ddannedd y storm, dan ganu.
Mae'n rhaid bod esboniad ar eneidiau sy'n medru canu
mewn storm, ac un rheswm, yn siŵr gen i, oedd eu bod
nhw wedi ffeindio *testun* oedd yn fwy na'r storm. Ac fe
ddigwyddodd y ffeindio hwnnw o gwmpas bwrdd swper y
Pasg. Yr enw sydd wedi'i roi ar y pryd bwyd hanesyddol hwn
ydi'r 'Swper Olaf'. Ond tybed yn wir? Petai hwn y swper *olaf,*
mi fyddai'r cwbwl wedi darfod am byth y noson honno. Ond
nid swper olaf oedd o, ond swper olaf am sbel. Swper olaf dros
dro. ''Fe gawn ni gwrdd eto,'' meddai Iesu Grist, ''pan yfaf
gyda chwi yn newydd yn Nheyrnas fy Nhad. Mae'r storm yn
cau o'n cwmpas ni, fechgyn, ond fe gawn ni gwrdd eto, ar ôl i
hon fynd.''
    Ac wrth wrando ar eiriau'r Iesu tawel, cadarn hwn, fe
welodd y dynion mai rhywbeth i basio oedd y storm. Yn y
Meseia rhyfeddol hwn, fe welson nhw destun oedd yn fwy na'r
storm. Ac allan a nhw i'r nos dan ganu! Gyda thestun i ganu
yn ei gylch!
    Ni bu ar y ddaear erioed gymaint o ganu ag sydd heddiw.
Ystyrier y miloedd ar filoedd o ganeuon o bob rhyw iaith sy'n
rhygnu heb daw trwy radio a theledu a chasetiau a recordiau
bob awr o'r dydd a'r nos ym mhob gwlad rownd y byd yn
grwn. Er bod rhyw gân yn dod i frig rhyw siart neu'i gilydd, cyn
pen dim amser bydd y gân wedi'i hanghofio yn sŵn cân arall,
ac ni bydd honno wedyn ond yn aros ei thro cyn iddi hithau
dewi mewn difancoll. Pam fod y caneuon yn darfod amdanyn
nhw? Wel, mae'n bosibl bod yr ateb mewn dweud mai rhyw
ganu dim byd oedd y cyfan. Ar wahân i eithriadau fel caneuon
protest, efallai, mae'r canu heddiw heb destun o bwys mawr
iawn.
    Gyda llaw, rydw i wedi colli pregeth yn rhywle, ac er chwilio
ym mhob silff a chwpwrdd a drôr, does dim golwg ohoni. Mi
fûm i'n pitïo'n ofnadwy ei bod wedi diflannu, ond erbyn
heddiw rydw i wedi rhoi'r gorau i boeni yn ei chylch hi. Pa ots!
Os aeth y bregeth ar goll, y mae'r *testun* yn aros.
    Yn gynharach, fe grybwyllais enwau Verdi a Bach a Liszt a
Beethoven. Tybed prun ydi'ch hoff gerddor chi? Yn bersonol,

rydw i'n ei newid nhw bob hyn a hyn; heddiw Schubert, ddoe Strauss, yfory Dvorak. Ac ers tro, mae'r wefr yn canlyn yr *Adagio* honno gan Albinoni. Ond er cystal y rhain i gyd, yn y diwedd rydw i'n fy nghael fy hun yn dod yn ôl yn ddi-feth at fiwsig un cerddor: Handel. A bod yn onest, wn i y nesaf peth i ddim am gerddoriaeth nac am gerddorion. Ydi Handel yn fawr yn ôl safon y beirniaid fedra i ddim dweud. Ond 'tae waeth amdanyn nhw, yn ôl yr ydw i'n dod bob tro at Handel. Mae sbel go dda erbyn hyn er pan oeddwn yn gwylio angladd Robert Kennedy ar y teledu o America. America, y wlad newydd a ddaeth â geiriau fel *stupendous, super,* a *fabulous;* gwlad fawr y *gadgets* diweddaraf un. Wrth weld angladd Robert Kennedy, roeddwn i'n bur chwilfrydig am wybod pa fiwsig modern tybed sydd gan yr Americanwyr ar ddiwrnod claddu. Cyn bo hir, wedi i siarad yr offeiriad beidio, dyma'r miwsig yn chwyddo drwy awyr yr eglwys . . . Nawr am y gyfrinach! Ac ar fy ngwir, dyma glywed y nodau gwefreiddiol a byd-enwog hynny o fiwsig yr 'Hallelujah Chorus'.

Yn y wlad fodern, gromiwm-plêted honno, gyda'i rocedi yn y golod a'i meibion wedi cerdded y lleuad, y miwsig gorau y medrai America fawr gael gafael arno yn nydd y storm oedd miwsig Handel. Nes bod dyn yn gofyn beth oedd cyfrinach yr Handel hwnnw. A'r unig ateb a welaf i ydi bod Handel wedi ffeindio testun. Testun oedd yn fwy na'r storm. Ac fel y gŵyr y byd oll, testun Handel oedd 'Y MESEIA'.

Dyna'r testun a ffeindiodd y disgyblion heb os: y Meseia Mawr. Doedd gan y rhain neb arall ond Iesu o Nasareth. Doedd ganddyn nhw ddim eglwys, nac enwad, na phwyllgor na chyfundrefn. Doedd ganddyn nhw, yn noethlymunrwydd eu sefyllfa wrth gamu allan i'r ddrycin, ond un testun i ganu yn ei gylch, a Iesu Grist oedd hwnnw.

Pe bai'r dôn 'Tŷddewi' a Williams Pantycelyn ar gael yn y dyddiau hynny, mi daeraf mai emyn y disgyblion fyddai'r pennill hwn:

> Os edrych wnaf i'r dwyrain draw,
>   Os edrych wnaf i'r de,
> Ymhlith a fu, neu ynteu ddaw,
>   Does debyg iddo Fe.

Rhegi at Iws

"A wyddoch chi be', Jeri?" meddai Huw Gruffydd wrth nhad, "mi wylltiodd Dafydd Jos yn gaclwm ulw, a mi ddechreuodd regi pawb ohonon ni nes oedden ni'n swatio, cofiwch." "Dafydd Jos yn rhegi?" gofynnodd nhad mewn syndod. "Wyddwn i ddim bod Dafydd yn arfer rhegi."

"Wel, na," torrodd Huw Gruffydd ar ei draws, "dydi Dafydd Jos ddim yn arfer rhegi—dim ond dipyn bach at iws."

A fu erioed ffordd fwy telynegol o osod y mater? Rhegi—at iws!

Mae gan Nansi Richards stori sydd wrth fodd fy nghalon i: hanes Dan, yr hogyn bach hwnnw oedd yn ei gael ei hunan mewn helbulon parhaus. Ac wrth i'r cymdogion gymryd achos Dan mewn llaw, un dull ganddyn nhw oedd bygwth Iesu Grist arno fo. Esbonio nad oedd Iesu Grist ddim yn lecio, fod Iesu Grist yn edrych yn gas, y byddai Iesu Grist yn siŵr o ddigio, a stribedu rhyw fygythion pygddu fel yna,—bygythion, debygwn i, na wnâi fawr les i Iesu Grist, nac i Dan chwaith.

Bygythion neu beidio, cyn pen deuddydd yr oedd y bychan wedi cael gafael ar ddwy neu dair o regfeydd pur danllyd o rywle, ac o glywed yr araith newydd yn tasgu'n lliwgar hyd iard yr ysgol, dyma'r athrawes yn rhoi cynnig ar leddfu peth ar dafod yr areithiwr ifanc:

"Paid â rhegi, Dan bach. Mae Iesu Grist yn gwrando, ac y mae o'n siŵr o ddigio wrthyt ti, cofia."

"Waeth gen i befo fo," meddai Dan o'i galon onest, "mae o'n digio am rywbeth o hyd."

Wel! Dyna'n union fel y gwelai Daniel bethau! Ac er nad ydi geirfa annethol felly yn harddu traethiad neb, dydw i ddim yn credu y byddai Iesu Grist yn gwneud rhyw helynt fawr iawn ynghylch Dafydd Jos gyda'i regi-at-iws, nac o Dan am wastraffu rhegfeydd hyd iard ysgol. Gwastraffu *bywyd* oedd yn dolurio'r Iesu: einioes werthfawr dyn yn mynd yn un lladdfa o fore gwyn tan nos dywyll: y lladdfa o drio dal goludoedd y byd hwn, y 'mamon' bondigrybwyll. 'Ennill yr holl fyd'. Ond mewn difri, i beth?

Sbel yn ôl, fe ddywedodd un masnachwr beth fel hyn wrth inni sgwrsio ar gwr y stryd: "Rydw i wedi penderfynu peidio â rhedeg fel ffŵl o hyn ymlaen. Does neb yn mynd i gael deud mai fi ydi'r dyn cyfoethoca yn y fynwent!''

Erbyn heddiw, mwya'r piti, ac er chwithdod mawr i mi, mae arna i ofn mai yno y mae'r hen ffrind.

Ond yn enw rheswm, meddai'r dadleuwr, mae'n rhaid *cael* pres. Rhaid, bid siŵr, ac mi fyddaf innau'n hoffi cael pres yn gymaint â neb i dalu'r ffordd. Ond eto i gyd, dim ond hyn a hyn sydd ar ddyn ei angen wedi'r cwbwl. Dim ond ychydig at iws.

Ac os credwn ni hynny, efallai y bydd llai o regi hefyd!

Daear Pwy?

Llawn yw'r nefoedd o'th ogoniant,
Llawn yw'r ddaear, dir a môr;
Rhodder iti fythol foliant,
Sanctaidd, sanctaidd, sanctaidd Iôr!

Sawl gwaith y gyrrwyd y dôn 'Sanctus' drwy'r geiriau yna, a hynny mewn cymaint hwyl nes i'r gynulleidfa ail-daro'r cytgan gyda gwefr. Ysywaeth, nid yw gwefr yn cydganu â'r gwir bob tro.

'Llawn yw'r nefoedd o'th ogoniant'. Tybed yn wir, o gofio'r holl gawodydd o fomiau sydd wedi disgyn o'r nefoedd honno?

'Llawn yw'r ddaear, dir a môr'. Tybed eto, a'r ddaear hithau'n un arsenal o fwledi a thanciau? Faint hefyd o longau rhyfel sy'n morio ar wyneb y dŵr heddiw, a beth am y rheini sydd o'r golwg, y llongau tanfor llethol hynny? Rhodder iddynt fythol foliant, meddai'r Pwerau Mawrion.

Gan hynny, ai byd y Sanctaidd Iôr ydi'r byd hwn? Daear pwy ydi hon? Ganrifoedd lawer yn ôl, hwn oedd ateb rhyw salmydd: 'Eiddo yr Arglwydd y ddaear a'i chyflawnder'. Ysgwn i ai'r un fyddai'r ateb ganddo heddiw?

Yn ôl pob golwg ar hyn o bryd, mae yna ddau allu mawr yn cadw'u llygaid ar bellafoedd y ddaear a'i chyflawnder, Rwsia ac America. Clywir sôn bod China, hithau, yn casglu'i nerthoedd at ei gilydd. Ond pam? 'Paham y terfysga'r cenhedloedd?' I fagu nerth a ddichon feddiannu'r ddaear.

Wel, ynteu, daear pwy ydi hi? Onid y cedyrn arfog hyn? Mae byddinoedd trymion, grymus, wedi bod wrthi ar draws y canrifoedd yn trio ennill yr holl fyd, ymerodraethau nerthol a'u henw yn eu cyfnod yn arswyd coch. Eto, yn ei thro, fe gafodd pob un ei chodwm: yr Aifft, Babilon, Groeg, Persia, Rhufain. Felly y bu hi yn hanes Japan, yr Almaen a Phrydain. Ac fe ddaw dydd codwm America a Rwsia. A China wedyn.

Pwy biau'r ddaear, dir a môr? Nid y Galluoedd Mawr dinistriol, meddai un Llais pell yn ôl, ac fe'i dywedodd gyda'r holl nerth hwnnw sy'n perthyn i dangnefedd y galon, nas deallodd diawlineb y byd erioed, erioed: *'Gwyn eu byd y rhai addfwyn, canys hwy a etifeddant y ddaear'*. O bawb, yr addfwyn fydd piau hi, meddai'r Iesu, gan haeru ei bod yn bosibl meddiannu'r ddaear heb ffrwydro'r un bom, a dod yn berchen ar diroedd heb wario'r un bunt.

Fe gefais i fy magu mewn plas mawr oedd ar un o stadau gwlad Eifionydd; wele frysio i egluro mai edrych ar ôl y plas yr oedd fy rhieni! Ac mai saer coed oedd fy nhad yn gweithio i aeres stad Gwynfryn, merch Syr Hugh Ellis-Nanney. Fodd bynnag, pan oeddwn i'n blentyn, mi fyddwn yn meddwl mai fi oedd piau stad Gwynfryn i gyd. Wrth dyfu trwy flynyddoedd mebyd, fe ddois i adnabod llanerchau dethol ar dir y stad, ymhell, bell o bob man, oedd yn nefoedd i fachgen yn codi'n bedair oed. Yn y gwinllanoedd mawr mi fyddwn yn dysgu galw'r coed bob un wrth eu henwau: derw, ynn, castanwydd, criafol, celyn, pinwydd, masarn, gwern, ysgaw, llawryf . . . Mi fyddwn yn gwybod lle byddai'r mafon yn tyfu, y mefus gwylltion a'r llus, y mwyar duon a'r cnau. Gwylio'r brain yn nythu'n uchel a blêr yn y brigau, a'r robin goch gyda'i nyth digon o ryfeddod mewn clawdd. Clywed colomen wyllt yn fflapian yn swnllyd o'i chuddfan yn y llwyn eiddew, a gwybod os dôi terfysg i'r ardal y byddai'r ffesant yn ateb pob taran yn ddi-feth. Ar dro, mewn gwrych, mi welwn ddraenog bach trwynfain; bryd arall, llwynog yn sleifio drwy'r rhedyn, gwiwer goch yn llamu'n rhyfygus o gangen i gangen. Roedd brithyll yn y dorlan a llysywod duon o dan gerrig yr afon, crëyr glas yn sefyll ar ungoes, ac ar foment o wyrth, fe gawn weld dyfrgi'n llifo allan o'r dŵr. Yn eu tymor fe ddôi cawodydd o betalau ar lawr y winllan: eirlysiau, daffodil, briallu, fioled, blodau'r gwynt, bwtsias y gog a gwyddfid. A'r goedwig drwchus yn llawn o'r persawrau mwyaf godidog.

Wrth i'r bychan diofal a di-ysgol chwarae o ddydd i ddydd yng nghwmni Natur a'i theulu difyr, fe ddaeth i gredu'n reddfol mai fo oedd piau'r rhyfeddodau priddlyd hyn i gyd. Achos, i'r hogyn bach hwnnw, yng nghoedwigoedd caredig y Gwynfryn yr oedd y Nefoedd, ac yn y fan honno yn rhywle yr oedd Duw yn byw. Aelwyd syml ei byd oedd ein haelwyd ni, heb fawr o bres i'w gweld gartre am mai bychan oedd cyflog saer coed. Enw Syr Hugh Ellis-Nanney oedd ar lyfrau'r Gyfraith, ond tybed beth a ddywedai'r hen aristocrat hwnnw pe gwyddai fy mod i'n meddiannu'i stad o fesul wythnos a mis a blwyddyn?

Gyda'r blynyddoedd, dyma fy nghael fy hun yn fyfyriwr yng Ngholeg y Gogledd. Yn fuan wedi dechrau yno mi brynais siwt newydd mewn siop ger Llythyrdy Bangor Uchaf. A chwarae teg i'r teiliwr caredig hwnnw, roedd yn ddigon bodlon i stiwdant dalu fesul tipyn bach,—troi heibio bob wythnos a thalu pedwar neu bumswllt ar y tro. Ac eto, roedd rhywbeth od iawn mewn dull fully o fargeinio: talu dim ond pumswllt yr wythnos i'r siopwr, druan,—a minnau'n berchen stad fawr yn Eifionydd! Yr unig ffordd i gysoni sefyllfa felly ydi dweud nad *deeds* sydd ei angen i feddiannu'r ddaear ond Duw.

Oni wnaeth Eifion Wyn rywbeth tebyg wrth droi mor fynych i Gwm Pennant?

> Ni feddaf led troed ohono,
> Na chymaint â dafad na chi;
> Ond byddaf yn teimlo fin nos wrth fy nhân
> Mae arglwydd y cwm ydwyf fi.

A hyd heddiw fe gofir am y llecyn hwnnw fel Cwm Pennant Eifion Wyn.

Fe geir adlais o'r un peth gan Cynan:

> Os bwthyn bach oedd gan fy nhad,
> Myfi oedd brenin yr holl wlad.

Y mae hi'n bosibl meddiannu'r ddaear heb na ffortiwn na ffrwydrad. Onid ydi o'n biti, mewn byd mor ardderchog â hwn, fod yma ryw bobol sydd am fynnu dryllio'r baradwys, a chwythu'r nefoedd yn siwrwd?

Eto, mae arna i ofn mai byd felly ydi'r byd hwn. Un tro, fel yr oedd Iesu Grist yn anfon ei ddisgyblion allan, fe ddywedodd beth fel hyn wrthyn nhw: 'Yr wyf yn eich danfon fel defaid yng nghanol bleiddiaid'. Mae'n amlwg ei fod am i'w ddisgyblion ddeall, cyn cychwyn, mai mynd allan yr oedden nhw i ganol byd o fwystfilod rheibus. Gwaetha'r modd, byd y blaidd ydi'r byd hwn.

Fe fu Laurie Erskine yn astudio bywyd bleiddiaid, ac y mae brawddeg gynnar o'i lyfr yn feichiog gan awgrym: *The wolf has an enormous range.* Mae'r blaidd i'w gael yn America, yng Nghanada, yn Alaska, yn Asia a dwyrain Ewrob. Libart anferthol i unrhyw greadur, yntê? O blith pob anifail pedwartroed sy'n bod, y blaidd, meddir, ydi'r heliwr mwyaf dinistriol. Y mae creaduriaid cryfach, y mae anifeiliaid cyflymach, ond y blaidd ydi'r dinistrydd enbytaf ohonyn nhw i gyd. Ar ben hynny, meddai Laurie Erskine, mae cyfrwystra'r blaidd yn gwbl anhygoel,—*supernatural cunning* ydi ymadrodd yr awdur. Y canlyniad yn y diwedd oedd i'r blaidd droi'n elyn i bob dyn, yn greadur na allai neb ei ddal, na'i ddofi chwaith.

Hyd heddiw fe bery'r byd yn fyd blaidd, ac fel erioed y mae gan y blaidd libart anferthol. Mae'r dinistrydd wrthi'n cynllwynio ac yn rheibio heddiw mewn llywodraethau ar draws y byd, mewn pleidiau gwleidyddol, mewn crefyddau o wahanol liw, mewn masnach, mewn llenyddiaeth—os gellir galw pornograffi'n llenyddiaeth. Mewn geiriau eraill, rydan ni yng nghanol galluoedd sy'n medru'n llarpio ni'n gareiau, ac yn wyneb mileindra'r blaidd mae'r defaid truain yn hollol ddiamddiffyn. A'r gwir eglur ydi nad oes gan y ddafad gyfrwystra fel sydd gan flaidd. Nac ychwaith mo'r nerth sydd gan flaidd. Ystyrier yr *antelope,* nad yw'n greadur cryf ond eto sydd â chyrn ganddo i drywanu. A'r ceffyl, nad yw'n anifail milain, ond eto sydd â charnau ganddo i gicio. Ond am y ddafad, does ganddi hi na chorn na charn gwerth sôn amdanyn nhw.

Tybed ai teg dweud na all y Cristion ddim taclo'r byd—ar lefel y byd? Dydi adnoddau'r byd ddim gan y Cristion. O'i roi fel arall, onid teg dweud na all y sant ddim bod yn greulon yr un fath â'r cythraul? Dydi o ddim o'r un brîd, ddim mwy nag ydi'r ddafad o'r un brîd â blaidd.

Beth all y ddafad ei wneud, ynteu? Wel, y mae yna un anifail y mae'r blaidd hyd yn oed yn ei ofni, a'r anifail hwnnw ydi dyn. Does ar y blaidd ddim ofn y ddafad, ond y mae arno ofn ei bugail hi. A dyna gyngor yr Iesu yn gyson: cadwed y ddafad mor agos ag sydd bosib at y bugail.

Ond daear pwy fydd hon, y bugail ai'r bwystfil?

Y diwrnod o'r blaen, wrth edrych allan trwy'r ffenestr, mi fûm i'n syllu'n hir, hir ar y caeau sydd reit rownd y tŷ. A'r hyn a welwn ym mhob man oedd defaid ac ŵyn, gannoedd ohonyn nhw'n pori'n dawel, fodlon, heb wneud drwg i'r un creadur byw. Cyn bo hir fe ddaeth y gwartheg a'r tarw i'r cae, ond fe gafodd y defaid lonydd perffaith. Gyda defaid mewn cae arall, fe welwn ddau geffyl a nifer o fustych, ond doedd neb yn cynhyrfu dim ar y ddiadell. Ac o geisio canfod y gyfrinach, fe awgrymwn i fod y ddafad yn cael llonydd am ei bod hi mor addfwyn ac mor ddiniwed. (Pan glywir stori drist am gŵn lladd defaid heddiw, dyna ni'n ôl yn syth yn elfen gyntefig y blaidd.)

Y peth sy'n rhyfedd ydi y bu bleiddiaid hyd yr ardaloedd hyn ganrifoedd yn ôl, a'u hegni nwydwyllt yn llarpio a difetha'n ddidrol. Y peth sy'n rhyfeddach ydi nad oes yma ddim un blaidd ar ôl erbyn heddiw, ddim un o gwbwl drwy'r wlad. Eto, trwy ryfedd wyrth, mae'r ddafad fach wedi goroesi'r llarpiwr, a hi sydd wedi meddiannu'r dolydd a'r mynyddoedd.

Nhw piau'r byd. *'Gwyn eu byd y rhai addfwyn, canys hwy a etifeddant y ddaear'.* A'r bugail a lefarodd y broffwydoliaeth gysurlon yna.

Diolchgarwch

Aeth rhai geiriau bach moesgar mor brin hyd y wlad â gwiwerod cochion. Mae'n ymddangos y darfu am gwrteisi hefyd pan roddwyd y canhwyllau o'r neilltu. Mae'n wir bod math o eticet a dynnai'n agos at y nawddoglyd a'r cyfoglyd a'r mursennaidd, ond eto, o golli hynawsedd moesgarwch rhwng pobol â'i gilydd aeth rhyw gynhesrwydd yn eisiau mewn dynion.

Oes a wnelo cymhorthion y Wladwriaeth Les rywbeth â'r cyflwr hwn a'n gwnaeth mor swta gyda'n gilydd? Heb ddadl, y mae'r adwaith rhyfeddaf wedi digwydd yn hanes pobol; fel y camel hwnnw ym mhabell yr Arab,—nid peth i ddistaw ddyheu amdano ydyw nawdd bellach, ond llawn haeddiant y gellir ei hawlio gyda beiddgarwch, onid gyda bygythiad. Peth pur eithriadol erbyn hyn yw'r gofyn—'os gwelwch chi'n dda', ac nid oes fawr o fynd ychwaith ar ei bartner—'diolch yn fawr'.

Eto i gyd, yn ardaloedd Gwynedd yn arbennig, y mae hir draddodiad o neilltuo'r trydydd Llun yn Hydref yn unswydd ar gyfer diolch. Y dydd hwnnw bydd nifer mawr o ysgolion, siopau a dosbarthiadau nos yn cau, eglwysi a chapeli'r bröydd yn agor, a'r addoldai'n treulio'r diwrnod yn canu, darllen, pregethu, gweddïo,—ac yn bennaf oll, yn diolch. Yn diolch am y cynhaeaf.

Wrth gwrs, y mae'n bosibl i ni lefaru neu ganu'r gair 'diolch' yn hollol ddifeddwl, a thybio bod popeth yn iawn ond gwneud felly. Fe glywais y stori am Ifan a Dafydd gan Tomi Roberts ddengwaith drosodd; dau ffarmwr oedd yn byw am y terfyn â'i gilydd, Dafydd yn ddigon di-sut, ac Ifan y caredica'i galon. Y canlyniad oedd bod Dafydd ar ofyn Ifan beunydd barhaus, ac am bob ffafr a gâi, yr unig beth a ddôi yn ôl i'r cymwynaswr fyddai: "Diolch Ifan." Yn wir, roedd treulio ambell bnawn i helpu Dafydd yn medru bod yn ddigon costus i Ifan, eto'r cwbwl a gâi am ei drafferth fyddai: "Diolch iti, Ifan."

Un tro, â Dafydd wedi cael benthyg y drol a'r ceffyl, fe ddrylliwyd un o'r strapiau'n golledus, ac wrth ddychwelyd anifail ac offer yn waeth eu cyflwr, doedd gan Dafydd ddim byd mwy i'w ddweud, hyd yn oed ar adeg felly, ond: "Diolch, Ifan."

Y diwetydd hwnnw, fodd bynnag, teimlodd yr Ifan caredig

ei galon y dylai ddweud rhywbeth: "Jest cyn iti fynd, Dafydd," meddai, "aros funud bach, wnei di? Imi gael hyd i hwn . . ." Yn chwilfrydig, gwyliodd Dafydd ei gymydog yn tynnu o ddwfn ei boced flwch matsus, ac yn ei agor gan bwyll. Blwch matsus gwag. "Mi ro i hwnna yn y blwch matsus yma, weldi, Dafydd." A chan estyn gyda'i fys a'i fawd, dyma Ifan yn tynnu pinsied o ddim byd allan o'r awyr, a'i roi yn ofalus, ofalus i mewn yn y blwch. A chau arno. Yna, gwthio'r blwch yn fwriadus i boced ei wasgod.

Roedd Dafydd yn craffu mewn dryswch ar beth mor ryfedd i'w wneud, ac o'r diwedd, meddai wrth ei gymydog: "Ond Ifan, does gen ti ddim byd yn y blwch yna!" "Nac oes," atebodd Ifan, "yn y blwch yna y bydda i'n cadw pob un diolch yr wyt ti wedi'i roi i mi, weldi."

Fe ellir dweud bod Ifan, ar un llaw, wedi bwrw ergyd go galed, ond ar y llaw arall, yr oedd Dafydd, yntau, gyda'i ddiolch gwag wedi bod yn hir ar fai yn godro cymydog oedd yn rhy barod ei gymwynas. Er y gall diolch fod yn ddim byd ond ffars, yn ddim oll ond sŵn, eto, y mae math arall o ddiolch sy'n werth teyrnas.

Un peth diddorol yn y Beibl ydi bod Iesu Grist yn falch o glywed pobol yn diolch,—yn diolch o ddifri, felly. Mae'n ymddangos ei fod yn disgwyl cymaint â hynny o leiaf oddi wrth ddynion. O'r deg gwahanglwyfus a gafodd iachâd, gyda dim ond un yn trafferthu dod yn ôl i werthfawrogi, cwestiwn yr Iesu oedd: "Oni lanhawyd y deg? Ond ple mae y naw? Ni chaed a ddychwelodd i roi gogoniant i Dduw ond yr estron hwn".

Wrth ddisgrifio'r 'estron' hwnnw, y mae Luc yn ychwanegu'r frawddeg: *A Samariad oedd efe,* sy'n hergwd bellach i ddynion a ddylai wybod yn amgenach, a dangos mymryn o werthfawrogiad. Sut ŵr oedd y Samariad diolchgar hwn? *A phan welodd ddarfod ei iacháu . . .* Fe *welodd* rywbeth yn y weithred, a'r hyn a welodd, gredaf i, oedd trugaredd. Nid trugareddau, sylwer, ond trugaredd.

Ar ei drugareddau yr ydym oll yn byw. Dyna un byrdwn hapus a genir ar yr Ŵyl Ddiolchgarwch. Ac y mae trugareddau'r Arglwydd yn fawr. Eto, mae trugaredd yr Arglwydd yn anfeidrol fwy. Nid rhyw gardod cil-dwrn a gafodd y Samariad truan gan yr Iesu; nid rhyw ffafr frysiog, ffwrdd-â-hi wrth basio, ond trugaredd anfesurol ei bendith.

94

O ystyried, yr oedd y gwahangleifion hyn yn fath o wehilion, eu clefyd yn beth heintus, ac o'r herwydd doedd wiw iddyn nhw ddod ar gyfyl pobol iach y dref a'r pentref. O ganlyniad, mi fyddai'r rhain yn blin symud yn griw dirmygedig a thruan eu cyflwr hyd gyrion pellaf dinas a thref. Mae'n bosib fod cynghorwyr y ddinas wedi bod yn pwyllgora yng nghylch y rhain,—o bell, felly. Efallai bod offeiriaid y Deml wedi bod yn gweddïo drostyn nhw—o hyd braich, hwyrach. Ond pan ddaeth Iesu o Nasareth heibio, fe ddaeth Rhywun oedd yn malio, ac yn fwy na dim ac na neb arall, roedd gan hwn drugaredd.

Pan welodd y Samariad y drugaredd gwbwl anhygoel honno, 'efe a ddychwelodd' meddai'r adnod. Mewn geiriau eraill, fe drodd yn ei ôl. A throi dyn yn ôl a wna diolch bob amser. Onid oes yna bethau y talai i ni droi yn ôl atyn nhw, a diolch o newydd heddiw am i ni eu cael nhw erioed? Cofio eto rhyw fendithion hynod garedig a gafwyd yng nghwrs ein blynyddoedd; pethau fel magwraeth a gwarchodaeth dda; rhieni a chymdogion ffeind; rhyw air bach o galondid a gafwyd, a ninnau'n ofnadwy o unig a digalon; y dyrnaid hynny o ffrindiau sydd yn aros yr un, ac yn driw ym mhob tywydd . . . mae hi'n werth dychwelyd, fel y Samariad, at y ffynnon lle tarddodd bendithion fel yna; mynd yn ôl i gofio eto'r pethau grasol. A diolch. Diolch wrth gartre'r Fendith Fawr.

Yn awr, nid mater o dalu yw diolch yn gymaint â mater o gydnabod ac o werthfawrogi agored. Ar un adeg, bu'r salmydd yn ymhel â'r syniad o dalu: *Beth a dalaf i'r Arglwydd am ei holl ddoniau i mi?* Er y gellir canmol y gŵr da am fod wedi meddwl y fath beth, eto yr oedd elfen o berygl mewn agwedd felly,—bod y gŵr yn ei dybio'i hunan ar dir i fargeinio ag Arglwydd y Cynhaeaf, ac yn warws yr oedfa'n setlo'r cownt blynyddol: "Dyna ni, Arglwydd, a phethau'n sgwâr rhyngom ni'n dau am flwyddyn arall" fel petai.

Efallai bod Edward Tomos, y Llain Lwyd, yn nes na llawer at gyfrinach y peth. Yng nghyfnod y plasau yng Nghymru, byddid yn neilltuo diwrnod yn unswydd er mwyn i'r amaethwyr oedd yn dal tir ar y stad ymgynnull i dalu'r rhent, gyda'r sgweier yn coroni'r dydd trwy arlwyo cinio bras i'w denantiaid. Rhwng bod erwau'r Llain Lwyd yn rhai pur ddiraen, a bod y tyddynnwr ar ben hynny yn ddigon di-sut, rhyw rygnu byw yn dlodaidd ei fyd a wnâi Edward Tomos. Am na fyddai fyth yn medru talu union swm ei ddyled i'r landlord fe gai ryw gymaint o bardwn o'r naill flwyddyn i'r llall.

Ond eto, os na fedrai Edward Tomos, Llain Lwyd, dalu'r rhent yn llawn ac mewn trefn, fe'i ceid yn eistedd wrth fwrdd cinio'r rhent o flaen pawb yn ddi-feth. O'i weld yno ar ei gythlwng yn aros am y wledd, daeth y sgweier ato, a dweud,

"Edward! Rwyt ti'r un fath eleni eto! Ar fater talu wrth y ddesg rwyt ti *ar ôl* pawb, ond yn fama wrth y bwrdd cinio, rwyt ti *o flaen* pawb!"

"Ydw, syr," atebodd Edward, "dyma'r unig ffordd sydd gen i o ddangos mai chi biau'r hen le acw!"

Pa beth a dalaf? Dim, mae arna i ofn. Rhyw ffarmio bywyd yn ddigon blêr a wnaethom ninnau, heb fawr ddim i'w roi i Arglwydd y stad, oni ddown ni ar dro i ddiolch, fel yr unig ffordd a feddwn i ddangos mai ef piau'r mymryn einioes hon.

'Na foed i'th drugareddau
   Ddiferu ar ein llwybrau,
A ninnau'n fyddar ac yn fud
   O hyd i'th nef-rasusau'.

Ar Werth: Golygfa

Un bore'r glangaeaf diwethaf fe safodd dyn diarth o Leeds yn y drws acw, a dangos ffotograff lliw o'n tŷ ni yr oedd ef wedi'i dynnu o'r awyr uwch ben ardal Rhos-lan. Wedi dod i mewn agorodd ei ledrau, ac arddangos y tri maint o'r un darlun oedd ganddo ar werth: un ffoto mawr am bum punt ar hugain, un llai am ddeunaw punt, ac un postcard am chwephunt.

Edrychais yn bur llugoer ar waith ei gamera—darlun hirsgwar, yn wyrdd daear i gyd ar wahân i un bloc diolwg o dŷ ar ei ymyl. Doedd gan y ffotograffydd ddim help am hynny, bid siŵr; mae'n rhaid cael 'defnydd' cyn y dichon camera wneud dim ohoni. O ymdeimlo â diffyg sêl (mewn mwy nag un ystyr, yn ddiamau) dyma'r gwerthwr golygfeydd o Leeds yn tystio y byddai'r ffoto hwn yn rhywbeth i'r plant gofio'r man y cawson nhw'u geni ynddo. Esbonio iddo i'r ferch gael ei geni nid nepell o Gaer, a'r mab yn Llangollen, bellter cred o Ros-lan.

"Wel, ynteu," meddai'r cyfaill, gan newid ei arfau, "'Chewch chi ddim ffotograff fel hyn bob dydd. Mi fyddai'n werth i chi brynu hwn yn ei ffrâm—er mwyn yr olygfa.''

Golygfa? Rŵan, rydw i wedi gweld nifer o'r lluniau-o'r-awyr yma ar hyd a lled y wlad, gydag ambell un yn wirioneddol ddiddorol, yn enwedig lle bo ffarm go nobl ar lethr, dyweder, gydag afon a phont a choedlan a beudai a llwybrau'n troelli'n ddifyr o'i chwmpas. Ond am ein tŷ ni, wel, dydi o fawr o le ar y gorau,—dim ond mymryn o adeilad gyda chanllath o lain hirgul, a hynny yng nghanol caeau gwastad, gleision, unffurf. Ac o edrych ar y lle o'r awyr, roedd y peth tebycaf erioed i diced trên wedi'i osod yn fflat ar ganol bwrdd biliards, a phwy fyddai'n talu pum punt ar hugain am lond ffrâm o beth belly?

Rhag ei ddarfu, fe gynigiais glapyn chweugain i'r dyn am un postcard, ond i ffwrdd yr aeth o. Cofiwch, 'wela i ddim bai ar y brawd o gwbwl; trio'i orau a wnaeth o i'm cael i brynu'r 'olygfa', chwedl yntau.

Ond ar ôl iddo fynd mi fu'n edifar gen i braidd na fuaswn i wedi gwahodd y gŵr i ben y to fflat sydd rownd y tŷ acw. Mi fydda i'n falch bob amser o unrhyw esgus i gael dringo ar ben y to fflat, ac fe fyddai wedi bod yn gyfle digymar imi gael dangos i'r dyn camera wir ystyr 'golygfa'.

Fe allaswn ddangos Cwm Pennant wrth sawdl Moel Hebog, lle byddai Eifion Wyn yn pysgota. I'r cyfeiriad croes, wele'r Betws Fawr, lle bu Robert ap Gwilym Ddu yn sgrifennu *'Mae'r gwaed a redodd ar y groes . . .'* A'r Lôn Goed, lle'r oedd Nicander, *'Molwch Arglwydd nef y nefoedd . . .'* Cip ar Gapel y Beirdd lle dôi Dewi Wyn, *'Dwyn ei geiniog dan gwynaw . . .'* Rhyw drichae o ben y to, dacw'r Suntur, lle bu Robert Jones, a thua'r un pellter i'r ochr arall, gapel Rhos-lan lle mae carreg goffa i'r gwron hwnnw. Edrych eto, a draw acw mae Garndolbenmaen, lle bu Pedr Fardd, *'Cyn llunio'r byd, cyn lledu'r nefoedd wen . . .'* Ac ar amcan, mi fuaswn yn pwyntio i'r dwyrain, a dyfalu bod Leeds rywle'r ffordd honno, ymhell, bell, bell, bell i ffwrdd . . .

Ar adegau felly ar ben y to byddaf yn cyfrif y bendithion. A

gwybod fod golygfa yn y llecyn hwn o Eifionydd na ellir fyth
mo'i phrynu na'i fframio.
Na'i gwerthu chwaith.

Cell y Merthyr

Tipyn o beth, mae'n siŵr gen i, ydi bod mewn carchar. Y
funud hon, ym Mhrydain yn unig, y mae miloedd ar filoedd
mewn carcharau, a boed y rheswm eu bod yno beth y bo, fedra
i ddim llai na theimlo rhyw biti dros y creaduriaid.
Un tro yn nhref Dolgellau, fe gefais wers gan Farnwr Llys o
Lundain. Pan gafodd cyfaill o feddyg ei ethol am dymor yn
Uchel Siryf fe ofynnodd a ddown i'n gaplan iddo am y
flwyddyn honno. Roedd hynny'n golygu cyrchu'r Barnwr o'i
lety, cynnal gwasanaeth yn eglwys y dre cyn agor y Llys Mawr
am y dydd, yna arwain y ffordd i'r Uchel Siryf, y Barnwr a
swyddogion y Gyfraith tua'r cwrt lle cynhelid y Seisus.
Yn un o'r llysoedd hynny yr oedd tri llanc ar brawf am
ymosod ar gwpwl oedrannus a lladrata'u heiddo nhw. Wedi i'r
Barnwr Cantley wrando ar ddwy ochr y stori, aeth ati i bwyso
a mesur pethau nes o'r diwedd iddo gyrraedd ei ddedfryd: dwy
flynedd i un, deunaw mis i'r ail a blwyddyn i'r llall. O glywed
y dyfarniad terfynol hwn dyma wynebau'r tri llanc yn gwelwi,
a'u perthnasau, yn famau a thadau a gwragedd a chariadon yn
adweithio'n gymysg,—un gyda gwaedd, un arall yn llewygu,
ac un druanes yn beichio crio'n huawdl dros y lle. Yn angerdd
y munudau hynny, ac o weld criw o droseddwyr a'u
teuluoedd, a neb eu heisiau nhw, fe ddaeth lwmp i 'ngwddw i.
Ac wedi cau'r Sesiwn, a cherdded yn ôl i ystafell y Barnwr,
dyma ofyn oedd ei ddedfryd o ddim braidd yn hallt.
"*Ah!*" meddai, gan edrych yn garedig, onid yn dosturiol
arna i, "*but you are forgetting the victims.*"
Ac yr oedd yn iawn hefyd, mae'n debyg. Yn nwyster
dedfryd y Llys yr oeddwn i wedi anghofio popeth am y cwpwl
oedrannus a reibiwyd. Ac i hen Farnwr oedd wedi arfer delio â
throseddwyr, doedd gen i ddim ateb a fyddai'n gwneud rhyw
lawer o synnwyr.
Wrth yrru tuag adre, roeddwn i'n mynd i deimlo mwy a

98

mwy bellach dros yr hen gwpwl; ond eto, er fy ngwaethaf, fe ddôi rhyw chwaon o biti dros y troseddwyr hynny o hyd ac o hyd,—drueiniaid, yn wynebu blwyddyn a dwy mewn carchar tywyll du . . .

Fe'i dywedwyd ganwaith mai dau fath o bobol a gewch chi mewn carchar,—pobol ddrwg, a phobol dda. Fe gewch yng ngharchar y troseddwr sydd wedi lladd rhywun, wedi lladrata, neu wedi twyllo: dyna'r troseddwr criminal. Fe gewch yng ngharchar, hefyd, y troseddwr na bu iddo ladd neb, na lladrata dim oll, na thwyllo undyn byw. Un yw hwn, neu hon, a safodd yn bendant dros argyhoeddiad onest, dros ryw ddelfryd aruchel, ac wrth wneud y safiad fe aeth yn erbyn cyfraith gwlad, a'i roi yn y gell: dyna'r troseddwr ar egwyddor.

Un o'r rheini oedd Ioan Fedyddiwr, ac yn yr unfed bennod ar ddeg o'r Efengyl yn ôl Mathew, fe geir Iesu Grist yn dadlau achos Ioan gyda'r dyrfa.

Ac â hwy yn myned ymaith, yr Iesu a ddechreuodd ddywedyd wrth y bobloedd am Ioan, Pa beth yr aethoch allan i'r anialwch i edrych amdano? ai corsen yn ysgwyd gan wynt?

Eithr pa beth yr aethoch allan i'w weled? ai dyn wedi ei wisgo â dillad esmwyth? wele, y rhai sydd yn gwisgo dillad esmwyth, mewn tai brenhinoedd y maent.

Eithr pa beth yr aethoch allan i'w weled? ai proffwyd? Ie, meddaf i chwi, a mwy na phroffwyd . . .

Yn wir, meddaf i chwi, Ym mhlith plant gwragedd, ni chododd neb mwy na Ioan Fedyddiwr . . .

Yn y fan yna mae Ioan yn cael ei osod yn rhengoedd y proffwydi a'r merthyron. Er nad oedd y Bedyddiwr wedi gwneud drwg i neb, eto yr oedd o dan glo yng ngharchar Machaerus. Sefyll ar egwyddor a wnaeth Ioan, a thrwy hynny, herio moesoldeb y brenin, o bawb. Fel y digwyddai, yr oedd Herod Antipas yn gogordroi ar y mwyaf o gwmpas Herodias, gwraig Philip, ei frawd, ac wele'r Ioan cadarn yn bwrw i'r brenin gyda'r cyhuddiad ei fod yn anfoesol, a mynnu nad oedd ganddo hawl i'r ddynes o gwbwl. Ateb Herod i hyn oedd taflu Ioan yn ddirodres i'r carchar. A dyna'r Bedyddiwr brwd bellach yn un o blith nifer carcharorion eraill celloedd Machaerus. Ond bod Ioan yn y fan honno yn droseddwr ar egwyddor. A dyna ddefnydd y merthyron, yntê?

Y mae'r Beibl yn llawn o ferthyron: pobol dda wedi sefyll

dros ryw egwyddor neu'i gilydd, a'u bwrw i bydewau a charcharau a ffeuau llewod, eu gosod mewn cadwyni neu mewn cyffion; weithiau eu halltudio i ynys bell, ac ar rai adegau eu lladd yn y fan a'r lle heb unrhyw drugaredd. Rhai felly oedd Jeremeia, Naboth, Daniel, Steffan, Pedr, Paul, a'r Ioan arall hwnnw a yrrwyd i alltudiaeth ynys Patmos. Nid yw'n ddigon dweud bod y cedyrn hyn yn dioddef *dros egwyddor*. Yn y diwedd mae'r rhain yn dioddef *dros bobol*. Ac yn y pen draw eithaf, y maen nhw'n dioddef *drosom ni*. Rydym ni heddiw'n mwynhau llawer o freintiau am fod rhyw ferthyr (amhoblogaidd hollol yn ei gyfnod) wedi gwneud safiad, a diodde'n enbyd o'r herwydd. Fe gostiodd rhyddid i addoli yn ddrud i ryw bobol, ryw dro. Felly gyda rhyddid i bleidleisio, gwell cyflog i'r gweithiwr, pensiwn i'r henoed, hawl i hamdden, addysg rad i blant, triniaeth clinic ac ysbyty i'r claf, lle'r Gymraeg yng Nghymru, tegwch i'r tywyll ei groen yn Lloegr, cydraddoldeb i ferched,—mae'r cyfan wedi costio mewn poen ac amhoblogrwydd i rywun ryw dro. Fe ddioddefodd merthyr ddoe drosom ni heddiw.

Ar un wedd fe ellir disgrifio Efengyl Iesu Grist â'r ddeuair: 'Drosom Ni'. Fe wnaeth Elfed gatalog o'r grasau sydd wedi bod yn gweithio erioed 'drosom ni': Baban bach mewn preseb, gwyrthiau Galilea, syched Samaria, dagrau Bethania, a'r llaw fu'n torri'r bara,—y cyfan drud 'drosom ni'. Yn nes ymlaen yn rhestr y grymoedd y mae Elfed yn cynnwys 'ardderchog lu'r merthyron',—yr eneidiau dethol hynny a fu'n rhan o'r hen ddynoliaeth friw hon erioed; mawrion fel Socrates, Bunyan, John Penry, Y Crynwyr, George Lansbury, George M. Ll. Davies, Martin Luther King, Waldo a'u tebyg. Ac y mae nhw i'w cael hyd heddiw mewn carcharau dros y byd mawr, ac yng Nghymru fach yn ogystal. .

O fynd yn ôl at y driniaeth a gafodd Ioan Fedyddiwr, fe gawn fod Iesu Grist yn bendithio'r carcharor hwnnw, ac yn ceryddu'r dyrfa wamal am iddi hi fethu ag adnabod ei chymwynaswr. Dylid cofio bod y dyrfa hon ychydig cyn hyn wedi ymgasglu'n chwilfrydedd byw i gael cip ar yr Ioan rhyfedd yn dod o'r diffeithwch i fedyddio yn afon Iorddonen.

"Dowch efo ni i gael golwg ar Ioan Fedyddiwr," meddai'r minteioedd bas. "Mae o'n byw ar ei ben ei hun yn yr anialwch; mae o'n bwyta'n od—locustiaid a mêl gwyllt. Ac y mae o'n gwisgo'n fwy od fyth—dim byd ar ei groen melyn ond gwregys am ei ganol. Dowch! Brysiwch, inni gael gweld!''

''I beth yr aethoch allan i'r anialwch i edrych arno?'' oedd cwestiwn hallt yr Iesu. "Mewn difri, beth oeddech chi'n *ddisgwyl* ei weld? Brwynen yn siglo'n y gwynt? Rhyw greadur yn gwneud campau yn y gwyllt? Beth oeddech chi'n ddisgwyl ei weld? Dyn wedi'i wisgo'n grand? Os ydach chi isio gweld pobol grand, mae'n rhaid i chi fynd i blasau'r brenin. Ydach chi'n gwybod pwy oedd allan yn yr anialwch yna? Proffwyd. Wyddoch chi pwy sy'n torri'i galon yng ngharchar Machaerus heno? Merthyr. Dyna Ioan Fedyddiwr i chi,—y dyn mwyaf a gododd y wlad yma. A beth ydach chi wedi'i weld? Dim byd mwy na dyn yn gwisgo'n od ac yn bwyta locustiaid. Roeddech chi'n edrych ar y merthyr. Ac yn gweld miriman.''

Mor euog ydan ni i gyd, yntê, o fethu a gweld mawredd pobol? Beth am yr hwiangerdd honno:

> *Pussy cat, pussy cat, where have you been?*
> *I've been to London to see the queen.*
> *Pussy cat, pussy cat, what did you there?*
> *I frightened a mouse from under the chair.*

Y gath wedi mynd yn unswydd i Lundain i edrych ar y frenhines ar ei gorsedd, ond y cyfan a welodd y gath oedd llygoden o dan gadair,—ac mi fethodd â dal honno, hyd yn oed!

A dyna'n tristwch ni o hyd, meddai'r Iesu: edrych i gyfeiriad mawredd a gweld dim ond miri. A chyn bo hir wedyn, yn ei hanes yntau, fe ddaeth Calfaria. Ac yn y fan honno, mi fethodd y dorf ag adnabod ei chymwynaswr pennaf o bawb. Y pnawn hwnnw, fe alwodd y dyrfa Angel Cariad yn Bennaeth y Cythreuliaid. Fe wasgodd goron ddrain am ei ben, tynhau mwgwd am ei lygaid, hoelio Mab y Saer ar bolyn, a gwneud comedian o'r Cymodwr.

Nadolig Llawen!

Wrth ddarlledu'r pwt yma ar fore'r Ŵyl, doedd yna ddim ond un peth naturiol i'w wneud,—dymuno Nadolig Llawen iawn i bawb. Fel hyn yr aeth gweddill y neges y bore hwnnw . . . Y munud yma does gen i'r un syniad *pwy* sy'n gwrando, os nad rhai cyfeillion ar hyd a lled y wlad, efallai. Ambell gymydog yn gwrando, ambell berthynas, o bosib. Ond y peth diddorol ydi bod y rhan fwyaf ohonoch chi sy'n gwrando, ynghŷd â minnau sy'n traethu, yn bobol na welsom ni erioed mo'n gilydd, heb sôn am fod wedi siarad â'n gilydd. Ond dydi hynny'n ddim gwahaniaeth, yn nac ydi? Ac felly, dyma fi, o galon, yn dymuno daioni a llawenydd i gartre pob un ohonoch chi.

Nid na wn i *pwy* sy'n gwrando, ond wn i ddim chwaith ym *mhle'r* ydach chi'n gwrando. Ar ddydd gŵyl fel hwn mae hi'n bur debyg mai gartre ar yr aelwyd y mae'r rhan fwyaf ohonoch chi,—a'r plant bach wedi deffro ers oriau, rydw i'n siŵr! Wel, bendith ar eu diwrnod nhw, ddweda i.

Wedyn, y mae rhai ohonoch chi'n gorfod gweithio dros yr Ŵyl. Ac eraill, am wahanol achosion, mewn carchar. Mi alla i feddwl hefyd am rai heb fod yn rhy dda eu hiechyd,—yn y llofft neu mewn ysbyty. Gobeithio'n wir y byddwch chitha'n well. Clywch! Mae'r dydd byrraf wedi pasio, ac fe ddaw'r flwyddyn newydd â'i gobeithion gyda hyn. Felly, yn ysbryd y Nadolig dyma ddymuno cysur a lles i bawb ym mhob man.

Gwirionedd difyr arall ydi hyn: nad oes gan neb syniad pa mor bell y mae dymuniad da yn trafeilio. Neithiwr, roeddwn i'n edrych dros hen ddyddiadur, ac yn sylwi ar ddarn wedi'i dorri allan o'r *Radio Times* yn Ionawr 1947. Roedd Nadolig 1946 newydd basio, a'r pryd hwnnw bu Mered, Cledwyn a minnau yn Neuadd y Penrhyn, Bangor, yn canu cyfieithiad Cymraeg o'r garol Almaenaidd-Awstriaidd hyfryd honno—*Dawel Nos.*

Ar yr un un noson a'r un awr yn union, yr oedd rhyw ddoctor yn Landau, yng ngwlad Bafaria,—Dr. Theodor Kremer, yn troi nodwydd ei set radio, ac ar ddamwain fe gododd y canu o Fangor bell. Fe sgrifennodd at y B.B.C. yn Llundain am ei brofiad, a chyhoeddwyd hynny wedyn yn y *Radio Times,* dyma ran o'r hyn sydd ar y toriad hwnnw:

Dr. Kremer and his family had been most moved that evening to hear their old carol, 'Heilige Nacht', sung in a language they had never before heard.

Hyd y dydd hwn, ni welsom ni ein tri erioed mo'r Dr. Kremer na'i deulu, ond fe gyrhaeddodd y neges o stiwdio Bangor i Bafaria, a thorri ar glyw estroniaid hollol i ni, ninnau'n deall yn ddiolchgar i'r neges adael peth llawenydd ar eu haelwyd y noson honno.

Wel, ar ddydd Nadolig, mae Rhywun Arall yn trio torri trwodd gyda'i neges yntau,—torri trwodd o'r Tragwyddol Pell i'n byd bach ni. A dyma'r cyhoeddiad a godwyd ganrifoedd yn ôl ym Methlem Jwda:

Nac ofnwch! Canys yr wyf fi'n mynegi i chwi newyddion da o lawenydd mawr, yr hwn a fydd i'r holl bobl. Canys ganwyd i chwi heddiw Geidwad yn Ninas Dafydd, yr hwn yw Crist yr Arglwydd.

Wrth baratoi neges Nadolig ar gyfer oedfa un tro, fe ysgrifennais a ganlyn ar ddarn o bapur: YR YMGNAWDOLIAD. O'u cyfrif, dyna bedair ar ddeg o lythrennau. O syllu'n hir arnyn nhw, yn sydyn dyma'r neges yn llamu allan o'r papur yn gyffro byw. Achos, o gymysgu'r llythrennau ar draws ei gilydd heb adael yr un ar ôl, fe gaed DYMA YW'R NADOLIG! Rwy'n cael fod llythrennau moelion yn medru gwneud peth o'r fath yn anhygoel, ac yn ei chael yn anodd credu hyd heddiw. O ran hynny, roedd Herod yntau'n methu â chredu hefyd. A Thomas. A sawl un arall. Ond wele'r ffaith isod, ar ddu a gwyn:

YR YMGNAWDOLIAD
DYMA YW'R NADOLIG

Nid Da rhy o Ddim

Am ddeuddydd neu dri wedi'r Nadolig, does neb yn bendant siŵr a ydi'r postman wedi pasio, neu'n wir a oes post o gwbwl. Yr un fath efo'r siopau; ai heddiw ai yfory y bydd agor eto? A dweud y gwir ni bydd neb yn rhy ddiogel pa ddydd o'r wythnos ydi hi'n iawn,—ai dydd Mawrth, ynteu dydd Iau, ai dydd Gwener?

A'r hyn sydd wedi digwydd ydi bod yr Ŵyl Fawr wedi drysu pawb yn lân; y Nadolig wedi torri ar draws pob trefn, rywsut. A bod yn fanwl, onid dyna'n union a ddigwyddodd ym Methlem ar y Nadolig cyntaf un? Fe ddryswyd trefn pethau'n ofnadwy iawn, heb neb yn gwybod hynny'n well na Herod Frenin,—*efe a gyffrowyd, a holl Jerwsalem gydag ef.*

Ond o gymryd gwedd arall arni, y mae torri ar drefn pethau, bob hyn a hyn, yn lles mawr i ni. Y mae'n dda cael ambell hwrli-bwrli i'n taflu ni allan o undonedd fflat bywyd pob dydd. Eto, yr hyn sy'n ddiddorol wedi'r holl sbloet i gyd, yn hwyr neu'n hwyrach am fynd yn ôl y mae dyn i'r hen rigolau,—yn ôl i'r hen batrwm.

Yn ystod cyfnod dogni dros y rhyfel diwethaf, roedd amrywiaeth bwydydd wedi mynd yn beth prin iawn, iawn. Ond pan ddechreuodd nwyddau ddod yn ôl i'r siopau, rydw i'n cofio prynu dau beth nad oeddwn i ddim wedi eu gweld nhw ers blynyddoedd: tun 'corn-bîff', a phaced o jeli. Mi gofiaf sleifio gyda'r rhain i'r coed i gael gwledd breifat; cofio slaffio drwy'r 'corn-bîff' efo cyllell boced a darn o bric, a chladdu i'r jeli efo dannedd nes bod y *gelatine* yn stretsio fel lastig. Roeddwn i wedi meddwl y buaswn i'n medru bwyta 'corn-bîff' a jeli am weddill fy oes! Ond ar ôl stwffio'n ynfyd yn y coed, roedd yn dda gen innau gael mynd yn ôl at fwyd syml pob dydd.

Ffaith ryfedd amdanom ni ydi honna: wedi pob gormodedd, mynd yn ôl a wnawn ni i gyd at hen drefn syml pethau.

Gofiwch chi fel yr oeddech chi'n edrych ymlaen at wyliau'r haf diwethaf? A'r mwynhau a fu ar wythnos neu bythefnos o hwyl a newid? Eto, wedi'r holl firi, on'd oedd hi'n braf cael dod adre'n ôl?

Mae rhywbeth yn debyg yn hanes Gŵyl Fawr y Nadolig; gwario a phrynu a rhannu, edrych ymlaen at fwyta a llowcio pob rhyw geriach, yn gigoedd a melysion a diodydd a chnau a ffrwythau. Ond wedi cryn dridiau o loddest, y mae hi'n ardderchog cael bod yn ôl efo dim byd ond bara-menyn a chwpanaid o de.

Yn y pen draw, mae'n rhaid nad ydan ni ddim wedi'n gwneud i ddal gormod o ddim. Mae yna adnod yn Llyfr y Diarhebion: '*Na ddyro i mi na thlodi,—na chyfoeth*'. Y mae dihareb arall ddigon tebyg ar gael: '*Nid da rhy o ddim*'. Ddim yn rhy dlawd, ddim yn rhy gyfoethog; ddim yn rhy wag, ddim yn rhy llawn . . .

Oni osodwyd clorian bywyd yn anhygoel o gywrain?

Un Bywyd Unig

Erbyn heddiw fedra i ddim bod yn siŵr ym mhle y gwelais i'r chwe pharagraff hynny, prun ai mewn llyfr ai mewn cylchgrawn, ond rydw i'n cofio cymaint â hyn: mai *ONE LONELY LIFE* oedd y teitl uwch ben y geiriau, bod y ddalen yn egluro na wyddai neb pwy oedd awdur y myfyrdod, ac i minnau, o ryfeddu ato, led-gyfieithu'r Saesneg ar bwt o bapur. Yng nghwrs y blynyddoedd aeth y gwreiddiol ar goll, ond y mae'r pwt papur yn dal yma o hyd, ac wele'r cynnwys, fesul paragraff:

Dyma ŵr ifanc a aned mewn pentre dinod, yn fab i wraig o'r werin. Tyfodd i fyny mewn pentref arall. Llafuriodd mewn gweithdy saer nes bod yn ddeg ar hugain oed. Ac yna, am dair blynedd arall, aeth o gwmpas yr ardaloedd i ddweud ei neges.

Mae'r myfyrdod am rywun cyffredin, wedi cael ei eni mewn pentre cyffredin, o deulu cyffredin a wnaeth waith cyffredin,—saer coed. Sy'n awgrymu nad oedd un dim yn rhy syml gan Hwn, nad oedd dim lle, na phobol na gwaith oedd yn rhy gyffredin. Roedd y stabal mor bwysig â'r synagog; roedd y tramp mor bwysig â'r tetrarch; roedd dwylo caled y nafi mor bwysig â bysedd meddal y nyrs. Ac yna, aeth o gylch y wlad i draethu ei neges, a siglo cymdeithas i'w sail wrth wneud hynny. Dim ond am dair blynedd y bu wrthi. Ninnau, druain, wedi traethu a phregethu mewn ardal am ddeng mlynedd, ugain mlynedd, efallai am hanner can mlynedd, ond heb ysgwyd na phentref na bro. Dim ond am dair blynedd y pregethodd Hwn, ac fe ysgydwodd y byd!

Ni sgrifennodd lyfr erioed. Ni bu erioed mewn swydd gyhoeddus. Ni feddodd dŷ erioed. Ni bu ganddo deulu erioed. Ni aeth erioed i goleg. Ni bu unwaith mewn dinas fawr. Ni bu erioed ymhellach o fangre'i eni na dau can milltir. Ni wnaeth erioed un o'r pethau hynny yr arferir eu cysylltu â mawredd. Nid oedd ganddo i'w gymeradwyo ond ei hunan.

Nid sôn am y pethau a wnaeth y mae'r paragraff yna, ond am y pethau na wnaeth o ddim. Mor wahanol ydi nod Hwn i bopeth yr ydan ni'n anelu ato! Rydan ni'n sgrifennu llyfrau. Rydan ni'n swyddogion mewn rhyw Gyngor neu'i gilydd. Mae gennym ni dai, neu o leiaf, rydan ni wrthi'n chwilio am dŷ, gan drefnu morgais a phethau benthyciol o'r fath. Mae gennym ni deulu. A'r patrwm yno ydi bod y plant yn cael addysg ysgol a choleg er mwyn sicrhau gwaith yn niwedd popeth. Mae aelodau o'r teulu eisoes mewn job ymhell i ffwrdd, ym Mharis efallai, neu Rufain, Brwsel, Hong Kong neu Washington; pobol sydd wedi dod ymlaen mewn hyn o fyd yn eithaf llwyddiannus.

Ond nid felly Hwn. Ni bu iddo gyboli â dringo'r grisiai 'arferol', nac amcanu at hynny o gwbwl. *Nid oedd ganddo neb i'w gymeradwyo ond ei hunan.* Digon gwir. Un bore pan ofynnodd i'w ddisgyblion fynd i'r pentre, a dod ag ebol yn ôl, dyma'r cwestiwn rhesymol iawn a gafodd gan y dynion: "Beth petai'r gŵr piau'r ebol yn gofyn pam ein bod ni'n gollwng yr anifail yn rhydd,—be ddwedwn ni wrth y dyn?" Daeth yr ateb yn ôl fel hyn: "Dwedwch wrth y perchennog eich bod chi'n gollwng yr ebol yn rhydd—am fod yn rhaid i'r Arglwydd wrtho". Neb i'w gymeradwyo ond ei Hunan!

Pan oedd eto'n ŵr ifanc fe droes llanw'r farn gyhoeddus yn ei erbyn. Aeth ei ffrindiau i ffwrdd. Fe'i trosglwyddwyd i'w elynion. Aeth trwy ddirmyg llys. Cafodd ei hongian ar bolyn rhwng dau leidr.

Do, fe gafodd ei alw'n gablwr, yn bennaeth cythreuliaid, a'i dybio'n benboethyn allan o'i bwyll yn lân. Nid oedd ei gyfeillion agosaf yn ei ddeall, ac yn y diwedd, o fodd neu anfodd, bu i rai o'r rheini ddweud a gwneud rhai pethau digon anffodus, onid cwbwl annheilwng.

Pan oedd yn marw, aeth y milwyr i hap-chwarae â'r unig eiddo oedd ganddo, a'i wisg oedd hwnnw. Pan fu farw, fe'i rhoddwyd trwy drugaredd cyfaill, mewn bedd benthyg.

Pan fo dyn wedi cyflawni gweithred eithafol o greulon y mae'n hawdd gennym ddweud ei fod 'fel anifail'. Sy'n

gymhariaeth gwbl annheg â'r anifail. Does dim dadl nad oes bryntni amrwd iawn rhwng bwystfilod â'i gilydd, eto rhaid cofio mai bwystfilod ydyn nhw. Ond o astudio dynion yn isel-gynllunio artaith (croeshoeliad yn y cyswllt hwn), a bod yn ddigon caled, ddi-hid i fedru gamblo am wisg y truan oedd yn griddfan uwch eu pennau, yna mae'n deg amau oes un anifail mor gythreulig o frwnt wrth ei gyd-anifail â dyn wrth ei gyd-ddyn.

Ond fe liniarwyd peth ar greulondeb cignoeth y pnawn gan gymwynas un gŵr. Wrth iddo wylio'r galon gariad yn gwaedu dros fyd gwallgof, bu'r gŵr hwnnw'n ddigon tyner ei ysbryd i agor bedd ei deulu, a gosod corff maluriedig y saer ynddo.

Fe ddaeth, ac fe aeth heibio bedair ar bymtheg o ganrifoedd llydain. A heddiw Ef ydyw ffigiwr canol yr hil ddynol, ac arweinydd rheng Cynnydd.

Mae'r mawrion drwy'r oesoedd wedi cydnabod mai Hwn sydd ar flaen y rheng. 'Tydi, y Galilead gwelw, piau'r goncwest'. Felly, hefyd, yn ein dyddiau ni y bu i'r gwroniaid dystio, gyda'r arddel yn eglur ym mywyd cewri fel Damien, Kagawa, Gandhi, Niemoller, Schweitzer, Gladys Aylward a Tom Nefyn. Hwn sydd ar ben blaen rheng Cynnydd. Y mae'r wawr yn codi o flaen pawb a phopeth, ond y mae hithau hyd yn oed, ar ei hôl hi hefo Hwn, ys dywedodd Williams:

'Os gwg, os llid, mi af i'w gôl,
Mae'r wawr yn cerdded ar ei ôl'.

Am yr holl fyddinoedd a orymdeithiodd erioed, am yr holl lynghesau a foriodd erioed, am yr holl seneddau a ffurfiwyd erioed, a'r holl frenhinoedd a deyrnasodd erioed,—ni bu i'r rhain, gyda'i gilydd, effeithio ar fywyd dyn ar y ddaear fel y gwnaeth yr UN BYWYD UNIG hwnnw.

Sialens o baragraff! Yn herio pob 'holl' a phob 'pawb' a phob 'erioed' a fu, y sydd, a ddaw . . . Paragraff sydd yn ein gosod ni i gyd yn ein lle, y balch, y cryf, y gormesol, y ffroenuchel, y cynllwyngar, y rhagrithiol; pob sut a siâp ohonom, pob lliw a llun dynol o'n plith—yr ydym bawb wedi'n gwasgu i'r gornel honno o orfod ildio o flaen y Mawr hwn.

'Marchog, Iesu, yn llwyddiannus!'